Rainer Patzlaff

Medienmagie

Praxis Anthroposophie – die Taschenbuchreihe für Vorausdenkende: Heute sind Ideen gefragt, die nicht nur das Bestehende erfassen, wie es ist, sondern es vorausdenkend weiterentwickeln. *Praxis Anthroposophie* stellt solche Ideen vor – individuelle Entwürfe, die durch den Gestaltungswillen ihrer Autoren geprägt sind. *Praxis Anthroposophie* sucht das Gespräch, die offene Form, in der sich die geistigen Strömungen unserer Zeit begegnen.

Über das Buch: Die gewaltige Invasion der neuen technischen Systeme folgt einem inneren Gesetz. Sie kann nur dort zum Zuge kommen, wo wir selbst das Feld geräumt haben. Das geistige Vakuum, das wir in unserem Denken und Sprechen selbst geschaffen haben, indem wir uns mit der ganzen Fülle unseres persönlichen, menschlich warmen Erlebens daraus zurückgezogen haben, ist nun der Ort, in den Maschinen mit künstlicher Intelligenz hineindrängen, um uns mit unseren eigenen Waffen zu schlagen.
Den Fortschritt aus menschlichen Kräften zu gestalten, statt ihn Maschinen zu überlassen, dazu möchte das Buch eine Anregung sein.

Über den Autor: Dr. Rainer Patzlaff, geboren 1943. Studium der Germanistik, Graecistik und Philosophie in Münster/Westfalen und Berlin. Wissenschaftlicher Assistent an der Freien Universität Berlin, Promotion mit einer interdisziplinären Studie zur Entstehung des Endreims. Referendariat und Lehrtätigkeit am Gymnasium. Seit 1975 Oberstufenlehrer für Deutsch und Geschichte an der Freien Waldorfschule Uhlandshöhe in Stuttgart. Dozent am Seminar für Waldorfpädagogik Stuttgart.

RAINER PATZLAFF

Medienmagie

oder die Herrschaft über die Sinne

VERLAG FREIES GEISTESLEBEN

Die Deutsche Bibliothek – CIP-Einheitsaufnahme

Patzlaff, Rainer:
Medienmagie oder die Herrschaft über die Sinne /
Rainer Patzlaff. – 2. Aufl. – Stuttgart: Verlag Freies Geistesleben, 1992
(Praxis Anthroposophie; 19). Auch als: Zeichen der Zeit; 10

ISBN 3-7725-1218-6

NE:GT

© 1992 Verlag Freies Geistesleben GmbH, Stuttgart
Umschlag: Walter Schneider, unter Verwendung
eines Bildes von Christiane Lesch
Druck: Clausen & Bosse, Leck

Inhalt

Vorwort zur Neuausgabe 1992

Elektronische Medien beherrschen unseren Alltag. Fast auf Schritt und Tritt begleiten sie uns, im privaten Leben und in der Öffentlichkeit, am Arbeitsplatz und in der Freizeit. Kein anderer Wirtschaftszweig der Gegenwart hat ein so gewaltiges Wachstum zu verzeichnen, kein anderer ein so rasantes Entwicklungstempo wie die Medien- und Computertechnik. Jeder kennt die grandiosen Fortschritte und kann den Erfindergeist, der sich hier entfaltet, nur bestaunen.

Je weiter aber die Entwicklung voranschreitet, desto mehr tritt eine ganz andere Seite der Medien hervor, die Besorgnis erregen muß. Einst dazu geschaffen, «Vermittler» zu sein zwischen Mensch und Welt, richteten sich die Medien an das wache, kritische Bewußtsein des aufgeklärten Zeitgenossen und stellten sich ihm als Mittel der *Wahrnehmung* zur Verfügung. Heute versehen sie diese Funktion nur noch zu einem geringen Teil; überwiegend werden sie zur *Unterhaltung* eingesetzt, und die Unterhaltung entartet zur Dauerberieselung. Dadurch gewinnen die Medien immer mehr Eigenleben und durchsetzen, ja überblenden unsere natürliche Sinneswelt mit einer zweiten, künstlichen Sinneswelt, die keineswegs so harmlos ist, wie sie vielen erscheint, sondern eine zerstörerische Dynamik in sich birgt. Längst weisen die Kritiker auf die verheerenden Folgen der Reizüberflutung hin, sprechen von Sinnesbombardement, von Musik-Emissionen und Medienverseuchung und warnen mit guten Gründen vor einer Innenweltverschmutzung gewaltigen Ausmaßes, die sich der Umweltverschmutzung ebenbürtig an die Seite stellt.

Die Gefahr verdichtet sich in jüngster Zeit zu einem direkten Angriff auf die Autonomie des Ich. Die Verhaltensforschung der vergangenen Jahrzehnte hat der Medientechnik Möglichkeiten eröffnet, den Menschen unterschwellig zu beeinflussen, optisch durch heimliche Bildsuggestionen, akustisch durch Musik, die gezielt auf unbewußte Körperfunktionen wirkt, sowie durch Suggestionstexte, die unter der Musik verborgen sind und vom Bewußtsein nicht erkannt werden, obwohl sie das Ohr erreichen (Subliminaltechnik). Hier verschaffen sich die Medienproduzenten gewaltsamen Zugriff auf das Unterbewußtsein des Hörers und versuchen, ihn zu bestimmten Verhaltensweisen zu animieren, sein leiblich-seelisches Befinden manipulativ zu steuern oder sogar gewisse Inhalte an seinem kritikfähigen Wachbewußtsein vorbei in die Seele zu pressen, ohne daß er davon etwas wahrnimmt. Die Entdeckung versteckter Satansverherrlichungen auf Millionen von Rockplatten war ein erstes Beispiel dafür. Sie sorgte 1986/87 für erhebliches Aufsehen, doch wurde in der Erregung übersehen, daß zu diesem Zeitpunkt bereits viel wirksamere und modernere Manipulationsverfahren auf dem Medienmarkt zu finden waren, angefangen bei den ausgeklügelten Methoden der Werbung, über chronobiologisch verfeinerte Funktionelle Musik, Suggestionskassetten und Suggestopädie bis hin zu Subliminalkassetten, deren Einführung in der Bundesrepublik eben begonnen hatte.

Das vorliegende Buch, 1988 in erster Auflage erschienen, verfolgte damals das Ziel, eine interessierte Leserschaft mit diesen neuen Entwicklungen bekanntzumachen und über die Gefahren aufzuklären, die damit verbunden sind. Dabei war es mir ein besonderes Anliegen, nicht isoliert auf die Einzelphänomene zu blicken, sondern sie in einem inneren Zusammenhang mit den Bewußtseinsumbrüchen unserer Zeit zu sehen, wie es in dem vorangegangenen Büchlein «Bildschirmtechnik und Bewußtseinsmanipulation» schon versucht worden war, indem bestimmte Anregungen und Gesichtspunkte aus der Anthroposophie herangezogen wurden, um die geistigen Hintergründe all der technisch-wissenschaftlichen Innovationen und der mit ihnen einhergehenden Gefährdungen menschlicher Existenz auf der Erde wenigstens andeutungsweise ins Bewußtsein zu heben.

Die von mir damals skizzierten Tendenzen und Entwicklungslinien sind seither nur noch stärker in Erscheinung getreten. Daher habe ich das Buch in seiner Grundstruktur belassen, jedoch durch neue Belege und Materialien ergänzt, die das Bild vertiefen, sowie durch Hinweise auf die aktuelle Diskussion und eigene Stellungnahmen dazu. Fragen der inhaltlichen Qualität dieser oder jener Medienproduktion bleiben unberücksichtigt. Es geht um die von der Güte des Programms völlig unabhängigen Wirkungen des Mediengebrauchs auf unsere Sinne, unser Wahrnehmungsverhalten, unsere seelische Konstitution. Aus der genauen Kenntnis dieser Wirkungen und aus der Zusammenschau der Einzelheiten soll sich ein menschenkundlich begründetes Urteil über das Medienproblem der Gegenwart ergeben, das uns in die Lage versetzt, für die Zukunft die richtigen Entscheidungen zu treffen.

Die Anregung zu den nachfolgenden Ausführungen verdanke ich der Initiative von Elternschaften und Kollegien zahlreicher Waldorfschulen, die mich durch ihre vielfachen Bitten um Elternseminare und Vorträge zu fortwährender Beschäftigung mit dem Thema veranlaßt haben. So möge das Buch nun seinerseits allen denen, die Verantwortung tragen für die gesunde Entwicklung von Kindern und Jugendlichen in der heutigen Welt, Hilfe und Anregung sein!

Stuttgart, im Mai 1992   *Rainer Patzlaff*

Sprachverfall – Bildhunger – Medienflut

Wenige Monate nach der Beendigung des Ersten Weltkrieges, mitten in der politischen Umbruchsituation des Jahres 1919, begann Rudolf Steiner in Deutschland das Konzept einer umfassenden Neugestaltung des gesellschaftlichen, wirtschaftlichen und geistigen Lebens in breitester Öffentlichkeit vorzutragen. Mit einer Fülle von Vorträgen, Diskussionen, Ansprachen vor Fabrikarbeitern, Aufsätzen und Büchern suchte er verständlich zu machen, daß eine Heilung des sozialen Organismus durch konsequente Dreigliederung möglich und notwendig sei. Die Einrichtung einer freien, pädagogisch autonomen Schule für die Arbeiterkinder der Stuttgarter Waldorf-Astoria-Zigarettenfabrik war nur eine von vielen Initiativen, die Anstöße und Vorbilder zur Verwirklichung des Konzeptes geben sollten. Steiner erhoffte sich von dieser Gründung, daß sie die Fruchtbarkeit der Anthroposophie für das praktische Leben in besonderem Maße erweisen werde.

Als die Eröffnung der Schule im Spätsommer 1919 bevorstand, unterbrach er seine rastlose Tätigkeit in Deutschland und reiste in die Schweiz nach Dornach, um die dortigen Mitglieder der Anthroposophischen Gesellschaft mit seinen Intentionen bekannt zu machen. Unter dem Titel *Die Erziehungsfrage als soziale Frage* hielt er einen Zyklus von sechs Vorträgen über *Die spirituellen, kulturgeschichtlichen und sozialen Hintergründe der Waldorfschul-Pädagogik.*[1] Darin machte er die Zuhörer auf die großen, weltumspannenden Zusammenhänge aufmerksam, in die hinein die neue Pädagogik geistig begründet werden sollte. Die Darstellung gipfelte in einem Ausblick auf die bevorstehenden Veränderungen der menschlichen Intelligenz: Wenn man heute von Intelligenz spreche, so führte er aus, dann müsse man wissen, daß sie nicht schon immer so war, wie wir sie gegenwärtig kennen. In früheren Jahrtausenden, als die Kulturen Ägyptens und Mesopotamiens in Blüte standen, sei sie eine ganz andere gewesen, und erst im Übergange zur griechisch-römischen Antike habe sie sich zu jener wissenschaftlich-rationalen Denkfähigkeit umgewandelt, die uns seither gewohnt und selbstverständlich ist. Damit aber sei ihre Entwicklung nicht abgeschlossen, vielmehr gehe sie jetzt einer erneuten Metamorphose entgegen und schicke sich an, wiederum eine ganz andere Gestalt anzunehmen. Vor dem Hintergrunde dieser menschheitsgeschichtlichen Wende müsse die beginnende Waldorfpädagogik gesehen werden. Welcher Art die Verwandlung sein werde, deutete er mit folgenden Worten an:

«In den nächsten Jahrhunderten und Jahrtausenden wird diese Intelligenz etwas anderes, etwas weit, weit anderes werden. Sie hat heute schon eine gewisse Anlage, unsere Intelligenz. Wir werden als Menschheit einlaufen in eine Entwickelung der Intelligenz so, daß die Intelligenz wird die Neigung haben, nur das Falsche, den Irrtum, die Täuschung zu begreifen und auszudenken nur das Böse.

Das wußten ja die Geheimschüler und wußten namentlich die Eingeweihten seit einer gewissen Zeit, daß die menschliche Intelligenz entgegengeht ihrer Entwickelung nach dem Bösen hin, daß es immer mehr und mehr unmöglich wird, durch die bloße Intelligenz das Gute zu erkennen. Die Menschheit ist heute in diesem Übergange. Wir können sagen: Gerade noch gelingt es den Menschen, wenn sie ihre Intelligenz anstrengen und nicht in sich ganz besonders wilde Instinkte tragen, nach dem Lichte des Guten etwas hinzuschauen. Aber diese menschliche Intelligenz wird immer mehr und mehr die Neigung bekommen, das Böse auszudenken und das Böse dem Menschen einzufügen im Moralischen, das Böse in der Erkenntnis, den Irrtum.

Das war mit einer der Gründe, warum die Eingeweihten sich

die Männer der Sorge nannten, weil in der Tat, wenn man in dieser Einseitigkeit, wie ich es jetzt auseinandergesetzt habe, die Entwickelung der Menschheit betrachtet, so macht sie Sorge; Sorge gerade wegen der Entwickelung der Intelligenz. Es ist schließlich gar nicht umsonst, daß die Intelligenz dem gegenwärtigen Menschen so viel Stolz und Hochmut einflößen kann. Das ist, möchte ich sagen, der Vorgeschmack für das Böse-Werden der Intelligenz im fünften nachatlantischen Zeitalter, an dessen Anfang wir stehen. Und würde der Mensch nichts anderes ausbilden als seine Intelligenz, dann würde er auf der Erde ein böses Wesen werden. Wir dürfen nicht rechnen, wenn wir mit der Zukunft der Menschheit rechnen und diese Zukunft uns als heilsam denken wollen, wir dürfen nicht rechnen auf die einseitige Ausbildung der Intelligenz. Diese Intelligenz war noch in der ägyptisch-chaldäischen Zeit etwas Gutes, diese Intelligenz ist dann dasjenige geworden, was eine Verwandtschaft eingegangen hat mit den Kräften des Todes. Diese Intelligenz wird eine Verwandtschaft eingehen mit den Kräften des Irrtums, der Täuschung und des Bösen.

Das ist etwas, worüber sich die Menschheit eigentlich keiner Illusion hingeben sollte. Die Menschheit sollte unbefangen damit rechnen, daß sie sich zu schützen hat gegen die einseitige Entwickelung der Intelligenz.»

Das viermalige Aussprechen desselben Gedankens, von Rudolf Steiner mit großem Ernst vorgetragen, läßt erahnen, wieviel Erstaunen und Betroffenheit, möglicherweise sogar Erschrokkenheit auf den Gesichtern der Zuhörer zu lesen war. Dunkel und rätselhaft mag die Voraussage damals geklungen haben.

Seit jener Äußerung sind mehr als siebzig Jahre vergangen. Technik und Wissenschaft haben atemberaubende Fortschritte gemacht, ungezählte Triumphe moderner Intelligenz veränderten die Welt, und unschwer erkennen wir heute, daß die Entwicklung tatsächlich in die angedeutete Richtung geht. Denn zu dem Hochmut, den Steiner als «Vorgeschmack» bezeichnete, ist in neuerer Zeit noch ein anderes, weit beunruhigenderes Symptom hinzugetreten, das sich vielleicht am krassesten in der folgenden Parabel ausspricht, die der Dichter Wolfgang Borchert kurz nach dem Zweiten Weltkrieg als eine von mehreren warnenden «Lesebuchgeschichten» formulierte:

«Der Mann mit dem weißen Kittel schrieb Zahlen auf das Papier. Er machte ganz kleine zarte Buchstaben dazu.
Dann zog er den weißen Kittel aus und pflegte eine Stunde lang die Blumen auf der Fensterbank. Als er sah, daß eine Blume eingegangen war, wurde er sehr traurig und weinte.
Und auf dem Papier standen die Zahlen. Danach konnte man mit einem halben Gramm in zwei Stunden tausend Menschen tot machen.

Die Sonne schien auf die Blumen.
Und auf das Papier.»

Es scheint absurd, was die kleine Skizze aphoristisch-pointiert hervorhebt: Ein Wissenschaftler, der von Berufs wegen grausige Massenvernichtungsmittel ersinnt und empfindungslos ausrechnet, wieviele tausend Menschen damit in kürzester Zeit ermordet werden können, erweist sich außerhalb seines Berufes als ein Mensch voller Gefühl und Zärtlichkeit, der über eine eingegangene Blume in Tränen ausbricht! Ein Widersinn, gewiß. Aber er ist nicht der dichterischen Phantasie entsprungen, sondern aus dem Leben gegriffen. Er begegnet uns immer wieder, wenngleich wesentlich unauffälliger, bei Wissenschaftlern unserer Zeit, und zwar nicht nur bei zweit- oder drittklassigen, sondern auch und gerade bei solchen, die zu den besten ihres Faches zählen, in vorderster Front der Forschung stehen und entscheidende Durchbrüche schaffen. (Von den rühmlichen Ausnahmen, die es glücklicherweise gibt, sei hier einmal abgesehen.) Diese Fachleute stellen der Welt vor Augen, zu welch staunenswerten Gipfelleistungen moderne Intelligenz imstande ist. Wer sie genauer beobachtet, muß indessen bemerken, daß sich ihre Persönlichkeit beim Eintritt in die Arbeit gewissermaßen spaltet: Die Privatperson, oft leidenschaftlich der Musik und den Künsten zugetan, zärtlich um die Familie bemüht, warmherzig zu den Kollegen, geschätzt wegen ihrer Feinfühligkeit und natürlichen Anteilnahme, kann edelster Regungen fähig sein, kann Gewissen, Verantwortungsgefühl und moralisches Empfinden besitzen, Mensch im besten Sinne des Wortes sein, so daß ihr jeder mit Hochachtung und Sympathie begegnet – doch sie bleibt draußen vor der Tür. Herein tritt ein ganz anderes, merkwürdig abgehobenes Forscher-Ich, das alles Menschliche als etwas bloß Subjektives hinter sich läßt und sich in die reine, eisig klare Höhenluft der objektiven Wissenschaft begibt, in der sich nur noch der sachlich nüchterne, gefühlsfreie, blitzschnell kombinierende Intellekt bewegen kann. Jegliche Verbindung zu anderen seelisch-geistigen Kräften ist gekappt, die gedankliche Arbeit findet in einem persönlichkeitsfreien Vakuum statt. Was sie hervorbringt, ist von bestechender Klarheit und Folgerichtigkeit, absolut gesetzmäßig, genial erdacht, ein Wunderwerk des forschenden Geistes, und zugleich wie ausgesogen von allem, was den Menschen zum Menschen macht, so, als ob ein namenloser Automat am Werke wäre, nicht aber eine unverwechselbare Individualität mit dem ganzen Reichtum ihres persönlichen Fühlens und Wahrnehmens.

Man kann niemandem einen Vorwurf daraus machen, und dennoch erlebt man hier etwas wie eine Besessenheit des Intellektes von sich selbst, die den Forscher in ihren Bann schlägt und ihn blind macht für die Wirkungen seines Tuns. Selbst wenn er die Folgen verstandesmäßig weiß, fällt es ihm schwer, sie in ihrer vollen Tragweite zu fühlen. So kann es sein, daß sie für ihn so gut wie nicht vorhanden sind. Moralische Skrupel oder Gewissensbisse melden sich, wenn überhaupt, erst nach getaner Arbeit und werden dann als äußerst störend empfunden, weil sie der Karriere abträglich sind, die Freude an der Arbeit lähmen und vielleicht sogar radikale Konsequenzen fordern. Deshalb beruhigen sich die meisten damit, daß wissenschaftliche Forschung an sich ja «wertfrei» sei und es nur darauf ankomme, wie man mit einer Erfindung umgehe. Die Verantwortung für eventuelle negative Folgen wird also den Anwendern aufgebürdet, und man selbst überläßt sich willig dem inneren Drang des Forschens und Entdeckens, der so prickelnd das Bewußtsein mit sich fortreißt.

Folgt ein Forscher aber konsequent der Stimme seines Gewissens und bricht die Arbeit ab, dann kann es ihm ergehen wie 1988 zwei Medizinern eines westdeutschen Pharma-Konzerns, die für Krebskranke eine Substanz entwickelten, mit der sich der nach Bestrahlungen auftretende Brechreiz blockieren ließ. Als sie aus einem firmeninternen Papier erfuhren, daß die neue Substanz auch militärisch genutzt werden sollte, um in einem nuklearen Krieg den radioaktiv verstrahlten Soldaten während ihres Todeskampfes noch einen Gegenschlag zu ermöglichen, da verweigerten sie aus Gewissensgründen ihre weitere Mitarbeit an dem Forschungsprojekt. Sie wurden entlassen, erhoben dagegen Klage und mußten sich vom Richter sagen lassen, ihr Gewissenskonflikt sei «arbeitsrechtlich nicht relevant». Von den Medizinern werde nicht verlangt, daß sie sich «mit den verschiedenen Anwendungsmöglichkeiten des Medikaments identifizieren». Außerdem hätten sie nicht über mögliche Anwendungen des Medikaments zu entscheiden. Der Pressebericht[2] fährt fort: «Ein Firmensprecher räumte ein, daß die NATO ein starkes Interesse an dem Medikament habe, weil es im Falle eines nuklearen Krieges die tödlichen Folgen einer zu hohen Strahlenbelastung hinauszögere.» So wird, ungeachtet des mörderischen Zynismus, der sich hier ausspricht, bis in die Rechtsprechung hinein an der

Auffassung festgehalten, Gewissen sei Privatsache und habe in der wissenschaftlichen Forschung nichts zu suchen.[3]

Es sollte zu denken geben, daß führende Industrienationen den weitaus größeren Teil ihrer wissenschaftlichen Elite, teils offen, teils verschleiert, für militärische Zielsetzungen eingespannt haben. Selbst die für absolut wertfrei gehaltene Grundlagenforschung auf physikalischem, elektronischem, chemischem oder biologischem Gebiet erfreut sich nur zu oft des Interesses und der Unterstützung der Militärs. Mag man das auch mit der Notwendigkeit, die Verteidigungsfähigkeit des eigenen Landes zu erhalten, rechtfertigen; die Tatsache ist nicht wegzuwischen, daß weltweit ein ungeheures intellektuelles Potential letzten Endes nur dazu verwendet wird, immer wirksamere Vernichtungs- und Zerstörungswaffen in die Hand zu bekommen. Nicht zufällig sind in den letzten Jahrzehnten wesentliche Fortschritte der Technik, wie z. B. die Erfindung der Kunststoffe, die Einführung der Halbleiter, die zivile Nutzung der Atomkraft, Raketentriebwerke usw., entstanden als Abfallprodukte militärtechnischer Innovationen. Nimmt man Beispiele aus der neueren Geschichte hinzu, wie moderne Technik und Wissenschaft sich einsetzen läßt zur Verfeinerung von Foltermethoden, zur gewaltsamen Persönlichkeitsveränderung, Menschenunterwerfung und -steuerung, dann sieht man, daß unsere Intelligenz schon heute in der Lage ist, mit der gleichen Brillanz und Genialität, mit der sie das Gute ersinnt, auch das Böse auszudenken.

Aber selbst wenn sie zu eindeutig guten, positiven Zwecken eingesetzt wird, können wir nicht sicher sein, daß das, was sie hervorbringt, sich auf längere Sicht als gut und förderlich erweist. Wieviele gutgemeinte Innovationen hat es schon gegeben, die zunächst sehr einleuchtend schienen und als Fortschritt gepriesen wurden, in der praktischen Durchführung aber schlimme Folgen zeitigten, die niemand sich vorgestellt, geschweige denn beabsichtigt hatte![4] Im übrigen beruhigt es nicht mehr, ständig beteuert zu hören, naturwissenschaftlich geschultes Denken sei ein ganz neutrales Instrument wie Hammer oder Messer, dessen

Gebrauch dem Verwender überlassen sei. In ebendieser Neutralität liegt seine Gefahr: Der Erfinder mag noch so sehr aus edelsten Absichten und zu den besten Zwecken seine Gedanken entwickelt haben, in der Hand anderer Mächte können sie sich unversehens zum Bösen wandeln, ohne daß er den geringsten Einfluß darauf hat. Wie sollen wir da die Glanzleistungen wissenschaftlicher Intelligenz noch bewundern? Müssen wir sie nicht immer mehr fürchten?

Besonders eindrücklich konturiert sich das Problem seit einiger Zeit in den Debatten über Begrenzung oder Nichtbegrenzung der *Gentechnologie*. Von verschiedenen Seiten her denkt man darüber nach, ob es nötig sein wird, auf bestimmte mögliche Forschungsprojekte aus ethischen Gründen zu verzichten, und wie das ohne Nachteil für die nationale Wirtschaft möglich sein könnte. Immer lauter wird in diesem Zusammenhang der Ruf nach einer «neuen Moral», die uns davor schützen soll, daß all das Schreckliche, was in Zukunft gentechnisch machbar sein könnte, tatsächlich gemacht wird. Sogar Wissenschaftler vom Fach halten es inzwischen für unumgänglich, daß die Forschung sich selber Grenzen setzt, die nicht überschritten werden dürfen, weil nur so unabsehbare Gefahren für das Überleben der Menschheit und der Menschlichkeit vermieden werden könnten. Aber gerade an solchen Forderungen, die aus tiefem Ernst und Verantwortungsbewußtsein erhoben werden, erleben wir nun mit Bestürzung, daß es für deren Verwirklichung kein größeres Hindernis gibt als die Wissenschaft selbst: Aus ihrem jahrhundertelang erworbenen, methodisch glänzend gesicherten Selbstverständnis heraus kann sie nicht anders, als jegliche Bindung an Normen prinzipiell abzulehnen. Denn Moral und ethische Grundsätze basieren, soweit sie nicht durch traditionelle Konventionen oder religiöse Dogmen vorgegeben sind, ganz auf menschlichen Empfindungen, auf einem schwer beschreibbaren Gefühl für Recht und Unrecht, auf der inneren Überzeugung vom Vorhandensein einer göttlichen Weltenordnung, auf dem persönlichen Gewissen usw., also auf Elementen, die der Wissenschaftler für seine Arbeit durchweg als subjektiv abweisen muß. Den Vorzug seiner objektiven Methode sieht er ja gerade darin, daß sie sich in einem Raum jenseits von Gut und Böse bewegt, unabhängig von irgendwelchen Werten und Normen. Das Prädikat «wertfrei» galt bisher als Garantie für die Gefahrlosigkeit naturwissenschaftlicher Forschung, und man verwechselte es wohl gar mit hohen moralischen Tugenden wie Selbstlosigkeit, Überparteilichkeit, persönliche Integrität. Jetzt wird offenbar, daß «Wertfreiheit» nicht die Anwesenheit von Moral bedeutet, sondern deren Abwesenheit, das Fehlen aller Begrenzungen und Maßstäbe, die totale Bindungslosigkeit eines frei schwebenden Intellekts, der nur sich selber kennt und folglich nur sich selber gelten läßt. Was der Mensch als Mensch, nicht als folgsames Tier oder willenlose Maschine, von der Wissenschaft der Zukunft für sich und die Welt berechtigterweise zu fordern hat, eben das muß sie als «unwissenschaftlich» und mithin bedeutungslos abtun.

Die Unabhängigkeit und Freiheit, die sich die Wissenschaft in Jahrhunderten gegen kirchliche und sonstige Bevormundung erkämpft hat, droht zu einer ethisch-moralischen Verantwortungsleere zu verfallen, und es liegt keine geringe Tragik darin, daß gerade diejenige Eigenschaft, der die neuere Forschung ihren beispiellosen Aufstieg verdankt und die wir für eine höchste Errungenschaft halten mußten, die Objektivität, nun zur Tyrannei entartet, die alles Menschliche mit dem Bannfluch der Subjektivität belegt.

Die Entleerung der Sprache

Wir alle sind von der Denkungsart der modernen Naturwissenschaft imprägniert. Das Problem ihrer menschlichen Leere ist daher auch unser Problem. Es spiegelt sich in der Alltagssprache. Wer einmal darauf achtet, was im Laufe eines einzigen Tages um ihn herum im Geschäft, im Restaurant, am Arbeitsplatz, auf der

Straße, im Bus, in der Eisenbahn usw. gesprochen wird und *wie* es gesprochen wird, der muß mit Erschrecken bemerken, wie wenig das, was die Menschen sagen, wirklich durchfühlt und durchlebt ist. Vieles wird ohne innere Präsenz mechanisch leer dahergeredet, und selbst wenn es sinnvoll klingt, ist es oft nur ein Geplapper, das wie von selber läuft, zusammengewürfelt aus beliebig austauschbaren Versatzstücken, aus floskelhaft-konventionell erstarrten Allerwelts- und Modeworten, die tausendfach verwendet werden und leicht vom Munde gehen, ohne daß der Sprecher etwas zu empfinden braucht. Wie selten hören wir einmal eine originär von der Persönlichkeit geprägte Wendung, welche uns spüren läßt: Hier ist Geistesgegenwart, die jede Nuance seelisch erfüllt und jedes Wort mit Bewußtsein durchdringt! Auch die geschriebene und gedruckte Sprache (vor allem dort, wo viel geschrieben und gedruckt wird) ist nicht frei von hohler Phrasenhaftigkeit.

In welch hohem Maße unsere Gebrauchssprache schon von solcher Erlebnis- und Bewußtseinsleere durchsetzt ist, zeigen die Befunde zeitgenössischer Sprachbeobachter, die reiches Material zusammengetragen haben. Vor allem, was anläßlich des Orwell-Jahres 1984 publiziert wurde, verdient hier Interesse. 1948 hatte Orwell in seinem Roman «1984» darauf aufmerksam gemacht, daß eine Sprache, aus der sich das Bewußtsein der Benutzer so weit zurückgezogen hat, daß die Worte nur noch klingende Hülsen sind, mit denen man jeden beliebigen Sinn verbinden kann, ein vorzügliches Instrument für politische Unterdrückung abgibt, weil sie Mißbrauch aller Art erlaubt. Da kann man ungestraft den Krieg als Frieden bezeichnen, Lügen als Wahrheit, kann die staatliche Anstalt für Folter und Gehirnwäsche «Ministerium der Liebe» nennen und so die hehrsten Begriffe für die übelsten Zwecke nutzbringend einsetzen. Die Entleerung der Sprache wird also zum Machtfaktor! Bei der Untersuchung der Frage, ob sich Orwells Prophetie bereits verwirklicht hat, kamen die Forscher 1983 zu dem Ergebnis, daß die Gegenwartssprache alle Anzeichen des vorausgesagten Zersetzungsprozesses trägt:

«So gesehen ist die Welt schon weiter auf dem Weg zu ‹1984›, als man es wahrhaben will, schleichend, und jeder, der die Zustände im realen Sozialismus aus eigener Erfahrung kennt, muß die Hellsichtigkeit Orwells bewundern . . . Seine ‹Neusprache› war ein brillanter Einfall; er macht exakt den Sprachverfall, die Verwilderung und Verarmung der Sprache, ihre Verholzung durch monströse politische Kunstwörter in den Ländern deutlich, die sich als sozialistisch bezeichnen.»[5]

«So sind denn auch in ‹1984› die grauenhaftesten Visionen keineswegs die totale Kontrolle des täglichen Lebens, ja nicht einmal Folter und Gehirnwäsche, sondern die institutionalisierte Lüge, die systematische Umschreibung von Literatur und Geschichte mit dem Ziel, sie überhaupt abzuschaffen, und die Reduzierung der Sprache – und damit des Denkens – auf Formeln, die aus Menschen *Zombies* machen. Und genau darin – mehr als mit Computersystemen, Datenbanken und Videoüberwachung – nähert sich die deutsche Wirklichkeit in der Tat einem Zustand, der in ‹1984› vorausgeahnt wurde. Denn wenn wir genau hinschauen und auch uns selbst beim Wort nehmen, stoßen wir überall auf Verdrängung von Geschichte, auf Verlust von Sprache, auf Reduzierung politischer Programmatik zu Leerformeln und Terrorkürzeln, bei der sich dann – wie im Anhang von ‹1984› – die amerikanische Unabhängigkeitserklärung auf ein Wort verkürzt: *Verbrechdenk.*»[6]

Mehr von der heiteren Seite nimmt Claus Peter Müller-Thurau das Problem aufs Korn in seinem 1984 erschienenen Buch «Über die Köpfe hinweg – Sprache und Sprüche der Etablierten». Satirisch locker und nachdenklich zugleich hält er dem Leser Zitate aus dem täglichen Leben entgegen, an denen abzulesen ist, wie oberflächlich und gefühllos wir mit der Sprache umgehen. Hier zwei Auszüge:

«Da gibt es zum Beispiel seit einigen Jahren die Einrichtung des staatlichen Familiendarlehens. Junge Ehepaare erhalten es zinslos oder zumindest zinsgünstig und können es bequem mit der Zeit abstottern. Bevölkerungspolitiker, auf die Wohlfahrt des gesamten ‹Volkskörpers› immer bedacht, haben hier einen besonderen Clou ersonnen: Wer will, kann das Darlehen ‹abkindern›.

Für die Sprachsadisten heißt dies, daß man mehr als drei Kinder kriegen muß.

In dieselbe Kategorie scheint jener Verkehrsexperte zu gehören, der lapidar feststellt: ‹Wir verschenken ein Volumen von 800 Toten im Jahr.›

Wie bitte? Was wird da verschenkt? Kann der Verkehrsfachmann an individuelle Schicksale denken, wenn diese auf seinem Wortstrang zur statistischen Beteiligungsgröße werden?» (S. 19)

«Ganz bestimmt ist das Vokabular des ‹New Speak› nicht immer von bösen Absichten geprägt – oft ist es nur das Ergebnis von Gedankenlosigkeit oder bürokratischer Schludrigkeit. Aber in einem Stellenangebot für Ärzte lockend darauf hinzuweisen, daß die Klinik XY ein ‹vielseitiges Krankenmaterial mit hoher Operationsfrequenz› biete – das fällt wohl nur Leuten ein, denen sich der Sinn der Begriffe in einer unmenschlichen Routine völlig entleert hat.» (S. 25)

Wer die Beispiele auf sich wirken läßt, wird dem Autor sicher beipflichten, daß es sich um «Sprachsadismus» handelt – keine seltene Erscheinung im heutigen Sprachgebrauch. Aber niemand wird auf den Gedanken verfallen, den Sprecher bzw. Schreiber für einen Sadisten zu halten; vielmehr wird seine Äußerung sadistisch erst dadurch, daß er gar nicht merkt, was seine Formulierung ihrem eigentlichen Sinne nach besagt. Seine Aufmerksamkeit hat sich so weit entfernt von der konkreten, realitätsbezogenen Bedeutung der Worte, daß ein Bewußtseinshohlraum entsteht, in den sich unversehens eine zutiefst unmenschliche, eiskalt das Individuum verhöhnende Gesinnung einschleicht, die gar nicht aus der sprechenden Persönlichkeit stammt, sondern als eine eigene, vom Menschen unabhängige diabolische Macht durch ihn hindurchtönt.

Komplementär dazu weist Müller-Thurau auf bewußt geprägte Wendungen hin, die alles andere als sadistisch sind, sondern schmeichlerisch sanft, angenehm, beruhigend wirken und mit ihrem schönen Schein schreckliche Tatsachen zudecken. So nennt die Polizei z. B. den gezielten Todesschuß auf einen Verbrecher «finalen Rettungsschuß», oder man sucht einen Lagerplatz für den wahrscheinlich nirgendwo mit absoluter Zuverlässigkeit deponierbaren Atommüll, findet ihn nicht, wird die Sorge nicht los und nennt das unzureichende Provisorium «Entsorgungspark». Geradezu unheimlich wirken Verschleierungen der Wahrheit durch die Aneinanderreihung von Wortinitialen, die dann einen neuen Sinn ergeben: Die amerikanische Rockgruppe KISS («Kuß» oder «Küsse!») heißt mit vollem Wortlaut *Knights In Satanic Service* («Ritter im Dienste Satans»).[7]

Für den sadistischen wie für den euphemistischen Wortgebrauch wird jeder weitere Belege aus dem Alltag finden können. So weit ist die Aushöhlung der Sprache schon vorgeschritten, daß so mancher Benutzer ungewollt Stoff liefert für ein Wörterbuch des Unmenschen oder gezielt Illusion und Lüge verbreitet, Zynismus produziert oder bewußte Irreführung. Sprache ist manipulierbar geworden, weil sich der Mensch aus ihr herausgezogen hat, nicht anders als aus der Intelligenz, deren Spiegel die Sprache in gewissem Sinne bildet. Wie können wir diesem Problem beikommen?

Schritte zur Verwandlung des Denkens

Wie die Gefahren des verobjektivierten, hochformalisierten Denkens innerhalb der Wissenschaft selbst überwunden werden können, ohne die Vorzüge neuzeitlicher Forschungsmethoden – Exaktheit und Klarheit, Verifizierbarkeit und Reproduzierbarkeit – aufzugeben, ist schon an anderer Stelle angedeutet worden[8] und stellt im übrigen ein Grundthema der Anthroposophie Rudolf Steiners dar, auf das in dem nachfolgenden Kapitel noch eingegangen wird. Hier soll lediglich aufmerksam gemacht werden auf die Tatsache, daß abseits der Wissenschaft ein nicht geringer Teil der Menschheit sich längst auf den Weg gemacht hat, die verhängnisvolle Kluft zwischen Kopf und Herz wieder zu schließen. Das äußert sich unter anderem in der wachsenden Abneigung, wichtige, für uns als Menschen existentiell bedeutsame Mitteilungen noch in der Form entgegenzunehmen, die bisher üblich war, nämlich in dürren, wissenschaftlich trockenen Sätzen, abstrakten Worten oder gar mathematischen Formeln. Man wünscht sie sich in einer Gestalt, die nicht nur den Intellekt anspricht, sondern den ganzen Menschen bis in die Tiefen seines Gefühls- und Willenslebens hinein ergreift und wach werden läßt für die großen Rätselfragen des Daseins. Man möchte vor einer solchen Äußerung stehen können wie vor einem Kunstwerk, bei dem nicht auf einen Blick alles erfaßt und abgetan ist, sondern mit dem man sich Tage und Wochen beschäftigen muß und mit dem zu leben sich lohnt, weil die Fülle dessen, was es dem Betrachter zu sagen hat, nicht von Mal zu Mal geringer wird, sondern immer umfassender, vielfältiger, lebensvoller, so daß der Mensch sich in allen Schichten seines Wesens mit dem Werk verbindet und vieles von dem, was er anfänglich nur ahnte oder dumpf empfand, nach und nach in die Helligkeit des Bewußtseins steigen sieht, ohne es jemals mit Worten erschöpfend ausdrücken zu können, bis er schließlich die Gewißheit hat, daß das reiche innere Erlebnis sinnlichen Ausdruck gar nicht anders finden kann als eben so, wie es der Künstler gestaltet hat.

Mit einiger Überraschung wurde man Anfang der 80er Jahre gewahr, daß es die gewünschte künstlerische Form der Mitteilung schon lange gibt, daß sie seit grauer Vorzeit in allen Kulturen gebräuchlich war und erst in allerjüngster Zeit dem modernen Bewußtsein verlorenging: Der *Mythos* wurde wiederentdeckt. Was eine frühere Menschheit an Welterkenntnis, Weisheit und Einsicht zusammentrug, verdichtete sie zu bildlicher, quasi sinnenfälliger Gestalt in Mythen, Märchen, Sagen und Legenden, und erst allmählich weiß die Forschung heute wieder zu würdigen, welch tiefe Wahrheit und umfassende Lebenserfahrung in ihnen steckt, nachdem man sie lange Zeit als bloße Phantasiegespinste verlacht und verächtlich gemacht hatte.

Ein regelrechter Hunger nach mythischen Bildern hat die Zeitgenossen erfaßt und sich bis in die wirtschaftlichen Gegebenheiten des Büchermarktes niedergeschlagen. J. R. R. Tolkiens Roman «Der Herr der Ringe», eine ganz und gar in märchenhaften Bildern entwickelte Geschichte, avancierte 1980 in der Bundesrepublik zum Bestseller des Jahres. Abgelöst wurde er 1981 von seinem deutschen Gegenstück, Michael Endes «Unendliche Geschichte», die sich auch 1982 noch nicht vom Spitzenplatz verdrängen ließ. Und nun, als die Trendwende unübersehbar geworden war, setzte die Welle von Fantasy-Filmen und -Büchern, -Comics und -Musicals ein, die uns bis heute überschwemmt. Bei allen Geschmacksverirrungen, die sie mit sich gebracht hat, verdient doch festgehalten zu werden, daß erstaunlich viele Leser eigene Wege gingen und eine Vorliebe entwickelten für Seelenbilder, die aus älteren Kultur- und Bewußtseinsstufen herübergekommen sind: Märchen aus allen Völkern der Erde, Mythen der Griechen und Römer, Kelten, Germanen, Iren, Geschichten von König Artus, Merlin, Gawan, Parzival, Lohengrin und ähnliche Stoffe, die vor kurzem noch als Ladenhüter ein Schattendasein führten, werden neu aufgelegt, nacherzählt, umgestaltet und millionenfach verkauft, offenbar, weil die Menschen recht gut den Unterschied spüren zwischen Bildern, die vom verstandeshellen Tagesbewußtsein eines neuzeitlichen Geistes zurechtgezimmert sind, und solchen, die aus tieferen, heute verschütteten Quellen innerer Erfahrung schöpfen. Jene sättigen nicht den Hunger nach höherer Wahrheit, während diese geheimnisvolle Kräfte entbinden, in der Seele leben und weben, so daß aus ihnen eine verborgene Welt zu sprechen beginnt, die den äußeren Augen verschlossen bleibt und dennoch als ganz real, ja sogar als die eigentliche Wirklichkeit empfunden wird; eine Welt, von der man ahnt, daß es diejenige sein muß, die in allen alten Religionen verehrt worden ist, weil sie den Menschen unerschöpflich strömend Leben und Wahrheit schenkte. Auf sie richtet sich die

Sehnsucht, denn in ihr gibt es keine Trennung von Erkenntnis und Moral, von Wissenschaft und Privatgefühl.

Es konnte nicht ausbleiben, daß die neue Tendenz bei vielen Beobachtern auf heftige Kritik und Ablehnung stieß. «Stehen wir mitten in einer gigantischen Umwertung unserer Gefühls- und Denkwelt? Auf einmal werden in Theater und Film, Literatur und bildender Kunst die schönen Rätsel, die geheimnisvollen Bilder beschworen. Kritisches Denken wird abgelöst durch die Flucht ins Geheimnis. Was steckt hinter dem Bewußtseinswandel? Ist der mündige Bürger seiner Selbstverantwortung müde? Soll die Macht wieder unbegreifbar und unkontrollierbar sein?» überschrieb Fritz J. Raddatz einen zweiteiligen Artikel in der ZEIT (29. 6./6. 7. 1984) und beantwortete die Fragen sogleich in der Titelformulierung: «Die Aufklärung entläßt ihre Kinder. Vernunft, Geschichte, Fortschritt werden verabschiedet: Mythos ist der neue Wert.» Bei führenden Künstlern und Literaten, Philosophen und Intellektuellen sei ein auffälliger Hang zur Versenkung ins Erhaben-Unbegreifbare, Geschichtslos-Überzeitliche, Magisch-Irrationale festzustellen, meinte Raddatz und präsentierte eindrucksvolle Belege. In der Tat, seine Befürchtung, das seit der Aufklärung geltende Postulat von der Veränderbarkeit der Welt und der Allmacht menschlicher Vernunft werde jetzt verabschiedet, ist nicht unbegründet; die Gefahr eines geistigen Rückschritts besteht. Auch trifft es zu, daß die Vorliebe für alte Mythen, die das breite Publikum erfaßt hat, einen Rückgriff darstellt auf eine ältere Bewußtseinsverfassung der Menschheit, der solche Ausdrucksformen noch natürlich und angemessen waren; man labt sich an den Früchten einer längst vergangenen Zeit. Insoweit ist eine kritische Haltung durchaus am Platze.

Was aber wäre einzuwenden, wenn Menschen der Meinung wären, es sei nicht genug, die bisherigen Errungenschaften aufgeklärten Denkvermögens festzuhalten und gegen rückläufige Tendenzen zu verteidigen, sondern man müsse, auf dem Erreichten aufbauend, in voller Bewußtheit vorwärtsschreiten und sich eine neue Fähigkeit hinzuerwerben? Raddatz hebt mit Recht hervor, welch einen Fortschritt es vor zwei Jahrhunderten bedeutete, als der Ratio die Herrschaft über alle Lebensbereiche zugesprochen und das Kantsche «Sapere aude – Habe Mut, dich deines eigenen Verstandes zu bedienen!» zum Wahlspruch des Zeitalters ausgerufen wurde; doch geht er mit keinem Wort darauf ein, daß wir heute vor einer ganz anderen Situation stehen: Der damals inthronisierte, wissenschaftlich geschulte Intellekt beherrscht nun die Welt und hat sich so verselbständigt, so abgelöst von allen Bindungen an Moral und Verantwortlichkeit, so entleert von allem Persönlich-Menschlichen, daß er zu einer ernsten Bedrohung für die Menschheit zu werden beginnt. Heute bedarf es abermals «der Entschließung und des Mutes», sich zu befreien, indem man das Dogma von der Wertfreiheit wissenschaftlicher Forschung radikal in Frage stellt und einen neuen Schritt in der Entwicklung abendländischer Intelligenz versucht. In welche Richtung der zu gehen hat, zeichnet sich nach dem schon Besprochenen deutlich ab: Wir müssen das moderne Denken aus seiner bedrohlichen Leere und Schattenhaftigkeit herausführen und ihm jene Dichte und Lebendigkeit, jene künstlerische Kraft und Weisheit, die dem Mythos eigen ist, hinzuerwerben, nicht durch einen Rückfall in kopflose Irrationalität, sondern durch ein vollbewußtes Durchdringen der Gedankenbildetätigkeit mit neu errungener Erlebnisqualität. Dann genießt man nicht mehr rückwärtsgewandt, was aus alten Zeiten auf uns gekommen ist, sondern gelangt auf einer höheren Stufe wieder zu den *Quellen*, aus denen einst die großen Wahrbilder geschöpft wurden.

In den letzten Jahrzehnten haben immer mehr Menschen Wege gesucht und gefunden, wie man so etwas wenigstens annäherungsweise erreichen kann. Gewöhnlich huschen die Gedanken so blaß und flüchtig durch unser Bewußtsein, daß der eine, kaum gedacht, blitzschnell von einem zweiten verdrängt wird, dem sofort ein dritter und ein vierter folgen, und schon sind wir zum fünften abgeschweift, ehe wir es recht bemerken. Selbst wenn wir ganz systematisch und geregelt denken, gelingt es uns nicht, bei dem einzelnen Gedanken länger zu verweilen, ihn von allen Seiten erlebend zu betrachten und auf uns wirken zu lassen; so plötzlich, wie er dastand, fertig ausgeformt wie ein Kristall, verschwindet er auch wieder, und der nächste tritt an seine Stelle. Die Übung besteht nun darin, einen bedeutungsvollen Spruch oder Satz vorzunehmen, den man sich selber sucht oder als Meditationstext vorfindet, und diesen durch Wochen oder Monate hindurch jeden Tag für einige Minuten zum ausschließlichen Gegenstand des Bewußtseins zu machen, indem man ihn immer wieder und wieder denkt, erfühlt, durchlebt, ohne darüber einzuschlafen oder abzuirren. Geschieht das in Konzentration und liebevoller Geduld, gewinnt der anfangs noch ganz abstrakte, leere Gedanke, der wie tot erschien, allmählich Leben und Farbigkeit, Wärme und atmende Tiefe, und bald steht er vor dem inneren Auge wie ein eigenes Wesen mit geheimnisvoller Vielschichtigkeit und gesetzmäßiger Kraft, voller hintergründiger Weisheit, die in fortwährender Bemühung erforscht werden will, bis sich das Erlebnis verdichtet zu einem inneren, rein geistigen Bild, das aus der eigenen Empfindungskraft sich auferbaut und dennoch eine höhere, nicht vom Menschen ersonnene Wirklichkeit durchleuchten läßt.

Was hier als erste Stufe exakter übersinnlicher Wahrnehmung errungen werden kann, nennt Rudolf Steiner die *Imagination*. An vielen Stellen seines Werkes wird ausgeführt, was für eine Gründlichkeit und Systematik auf diesem Schulungsweg angewendet werden muß, damit jeder einzelne Schritt unter voller Kontrolle der wachen, kritikfähigen Persönlichkeit geschieht und das Tagesbewußtsein nicht herabgedämpft wird, sondern zu einem höheren, überwachen Bewußtsein aufsteigt, in welchem das Ich stärker präsent ist als in jeder anderen Handlung des gewöhnlichen Lebens.

Es ist nicht zu bestreiten, daß nur wenige Menschen diesen entsagungsreichen, streng wissenschaftlichen Weg zur Erkenntnis höherer Welten beschreiten, sehr viele hingegen sich einfacheren, angenehmeren Meditationspraktiken hingeben, die leicht in die Richtung führen können, die Raddatz so scharf brandmarkt. Gleichwohl verkennt sein Verdikt, daß ein vollkommen berechtigter, für die Zukunft sogar notwendiger Drang Suchende in aller Welt dazu treibt, sich um neue Formen des Gedankenlebens zu bemühen, die der Gefühlsleere und Inhumanität einer total versachlichten, automatenhaft unpersönlich werdenden Intelligenz entgegenwirken. Mag der Versuch noch so unvollkommen sein oder sogar in die Irre führen, untergründig spüren die Menschen in ihrem Tasten und Suchen doch das richtige Ziel; denn wenn der von sich selbst besessene Intellekt nicht zum Tyrannen werden soll, dann bedarf es einer solchen Erkenntnisart, die das Individuum als wollendes und fühlendes Subjekt nicht ausschließt, sondern voll einbezieht.

Selbst wenn die allermeisten eher aus Gründen des persönlichen Wohlgefühls denn aus wissenschaftlicher Gesinnung meditieren, macht doch jeder, der auch nur einige Schritte auf dem inneren Pfad getan hat, die fundamentale Erfahrung, daß unsere heutige Zivilisation sich gründet auf einer Lüge; auf der Behauptung nämlich, daß es außer dem, was man messen und zählen, mit Augen sehen und mit Händen anfassen kann, nichts Reales gebe. Nicht aus Spekulation oder lebhafter Einbildung, sondern aus unmittelbarer Wahrnehmung ergibt sich dem Meditierenden die unumstößliche Gewißheit, daß es hinter dem Sinnesraum, der uns allen zugänglich ist, noch einen ganz anderen Raum gibt, welchen man nur in sich selbst auffinden kann und der dennoch nicht der eigenen Willkür entstammt. Wenngleich noch ein weiter Weg zurückzulegen ist von dieser anfänglichen Erfahrung bis zu einer methodisch gesicherten Erforschung jenes unbekannten Raumes hinter dem Raum, so ist doch die angeblich unübersteigbare Mauer zwischen dem äußeren Sinnenschein und den dahinter wirkenden Mächten und Kräften durchbrochen, und es vollzieht sich eine stille Revolution unseres gesamten Verhältnisses zur Welt. Der Materialismus ist durchschaut.

Auch auf dem Gebiet der sprachlichen Kommunikation haben sich viele Menschen schon zu einer neuen Art persönlich durchdrungener, menschlich erfüllter Verständigung vorgetastet, oftmals ohne es zu wissen, mitunter aber auch in voller Kenntnis des Ziels. Man muß nur einmal unbefangen darauf schauen, was sich hinter den so negativen Erscheinungen heutigen Sprachverfalls verbirgt, um zu entdecken, daß sich hier eine echte Emanzipation von der Ich-Leere modernen Sprechens anbahnt, deren Tragweite noch kaum abzuschätzen ist.

Es mangelt nicht an Klagen über die zunehmende Verarmung des Wortschatzes, über das Wuchern des Nominalstiles, über das Verschwinden des Konjunktivs mit seinen subtilen Ausdrucksmöglichkeiten, über die wachsende Unfähigkeit, Sätze mit komplizierten Hypotaxen zu bilden, über die allgemeine Regression auf Primitivformeln, die keinerlei gedankliche Differenzierung und Individualisierung mehr zulassen – kurz, über all die Niedergangserscheinungen der Gegenwartssprache in Wort und Schrift, die dem kundigen Beobachter als Indikatoren gelten müssen für den Zerfall unserer früher so hochstehenden, Weltgeltung genießenden Geisteskultur. So neu sind die Klagen indessen nicht, wie sie scheinen. Anzeichen von Sprachverfall werden schon seit mehr als hundert Jahren registriert, und genauer betrachtet bilden sie nur die Oberfläche eines viel tieferen Problems: Die westlichen Kultursprachen Europas haben eine Entwicklungsgeschichte von zwei bis drei Jahrtausenden hinter sich; ihre Jugendfrische ging längst verloren, sie sind alt geworden. Das zeigt sich im Deutschen unter anderem an der nachlassenden Kraft zu Neubildungen und lebendiger Einverleibung fremden Sprachgutes, aber auch und ganz besonders an der hochgradigen Abstraktheit unserer Wortverwendung, die uns völlig vergessen läßt, daß Sprache ursprünglich aus der sinnlichen Anschauung heraus gebildet wurde und daher stets etwas Konkretes meint.

Viele Worte geben ihren Ursprung bis heute kund, aber wir achten nicht darauf und blenden in unserem Bewußtsein das konkrete Bild gewissermaßen aus. Wer hört noch wissentlich, daß *hartnäckig* einen absichtlich steif gehaltenen Nacken meint, daß eine Sache *vorhanden* ist, wenn sie vor den Händen liegt, daß man durch Herumziehen und Fahren in der Welt Neues *erfährt,* daß man mit Fingern *begreift* und mit Füßen *versteht?* Der Bildgehalt des Wortes, der hier mit einem kleinen Bewußtseinsruck erlebbar wird, ist uns in anderen Fällen so fremd geworden, daß man Etymologie und Sprachwissenschaft bemühen muß, um beispielsweise herauszufinden, daß die Endung –bar im Worte Nachbar den *bûren* (Bauern) meint, der *nâhe* dem eigenen Anwesen lebt, in Adjektiven dagegen von einem alten Verbum *beran* abgeleitet ist, das «tragen» bedeutet und nur noch in *gebären* (d. i. ein Kind «aus-tragen») erhalten blieb; *fruchtbar* meint also frucht-tragend, *dankbar* Dank bringend, *hörbar* eine Gehörwahrnehmung bringend usw.

Noch tiefer in die Urgeschichte der Sprachbildung führen uns manche abstrakten Begriffe wie *Treue.* Man kann lange darüber nachsinnen, auf welche sinnliche Realität das Wort sich einst bezog, und wird doch kaum auf das kommen, was ihm tatsächlich zugrunde liegt: Es geht auf eine indo-europäische Wurzel zurück, die soviel bedeutet wie «Kernholz der Eiche».

An einem solchen Beispiel kann man spüren, wie weit sich unser Spracherleben schon entfernt hat von der einstmals anschauungsgesättigten, sinnlich konkreten Wortbedeutung und hineingeraten ist in ein schemenhaft blasses Hin- und Herschieben bildloser Begriffe.

Unterstützt wurde diese Tendenz durch die jahrhundertelange Hereinnahme fremder Wortbildungen, die schon mit den römischen Lehnwörtern des frühen Mittelalters begann und bis heute währt. Man denke nur an den massenhaften Gebrauch englischer Wörter und Wendungen in der Gegenwartssprache, aber auch an die Vorliebe für wissenschaftliche Termini, deren eigentliche Bedeutung dem größeren Teil des Publikums gar nicht bekannt ist, die aber trotzdem – oder gerade deswegen – den Anschein höchster Intelligenz erwecken und den wissenschaftsgläubigen Laien ehrfurchtsvoll erschauern lassen. Müller-Thurau führt in dem oben genannten Buch[9] dazu folgendes Zitat an:

«In metatheoretischer Sicht gelingt es allerdings gerade vor dem Hintergrund eines epistemologischen Subjektmodells, die genannten Indikatoren der Variabilität, Spezifizität, Diskontinuität, Kontextualität und gegenseitige Substituierbarkeit psychologischer Erklärungen auf konstruktive, metakognitive und reflexive Mentalaktivitäten eines in seiner Handlungsplanung und -steuerung nicht determinierten Subjekts zurückzuführen.»

Gewiß, das Beispiel zeichnet sich durch Übertreibung aus und reizt zum Lachen. Aber ist der Hang zu derartigem Wortgeklingel nicht weit verbreitet? Versuchen nicht viele Politiker, Werbefachleute, Wissenschaftler und Publizisten, mit klangvollen Worten Schaum zu schlagen und simpelste Tatbestände zu allerbedeutsamsten Errungenschaften hochzustilisieren? Lateinische und griechische Fremdwörter oder Kunstwörter eignen sich dazu vorzüglich; doch auch mit gewöhnlichen deutschen Worten läßt sich gleißnerischer Wortnebel verbreiten. Einmal darauf aufmerksam geworden, begegnet man der Hohlheit unserer Sprache überall. Die Sprachkrise ist zum Thema des 20. Jahrhunderts geworden.

Wenn aber die Worte zu Begriffshülsen verkommen, die einen bedeutungsvollen Inhalt vortäuschen und in Wirklichkeit leer sind, dann vermitteln sie nicht mehr Wahrheit, sondern Lügen, sie sind Phrasen, ausgedroschenes Stroh. So ist es für viele Zeitgenossen ein Gebot der Ehrlichkeit und der Wahrheitsliebe, sich bewußt von der Sprache zu distanzieren, ihr zu mißtrauen, ihr den Kampf anzusagen.

Schon im Ersten Weltkrieg wurde das Verhältnis junger Dichter zu ihrer Sprache abgrundtief erschüttert, wie an den Zeugnissen des Expressionismus abzulesen ist, und seitdem hat ein regelrechter Rückzug aus der Sprache eingesetzt, der sich immer stärker geltend macht, nicht nur in der Dichtung, sondern auch im täglichen Leben. Vor allem die junge Generation zeigt keine Neigung mehr, sich wortreich und differenziert zu äußern. Sie wirft den Mitmenschen einige Brocken hin, Satzfragmente oder Wortfetzen, und verläßt sich darauf, der andere werde schon verstehen, was gemeint war. Lieber versinkt man in der Einsamkeit des Schweigens, als die intimsten Gedanken und Empfindungen einem so trügerischen, abgegriffenen Medium anzuvertrauen. Denn wer findet noch Worte, die unbelastet sind von historischen Reminiszenzen, von unerwünschten Assoziationen und mißbräuchlichen Anwendungen aller Art? Es scheint, daß keine Sprache mehr, und sei sie noch so kunstvoll, ein lauteres, wahres Abbild zeichnen kann von dem, was die Seele bewegt.

Andererseits kommt man nicht umhin, sich der Sprache täglich zu bedienen zur Verständigung mit der Umgebung. Aber da entkleidet man sie radikal jeglichen Beiwerkes und reduziert sie auf das Allernotwendigste, ja zieht sich sogar am liebsten auf Kürzeln und Formeln zurück, die ein völlig versachlichtes Sprechen ermöglichen. Gefördert durch den Rationalisierungszwang moderner Technik treibt die Sprachreduktion bisweilen schon groteske Blüten, wie beispielsweise in der 1985 bekannt gewordenen *Hackerese*. Das ist «ein mit viel schwarzem Humor gewürztes Idiom, eine Art Maschinen-Slang, in dem sich die Hohenpriester der amerikanischen Computer-Kultur, die Hacker, miteinander verständigen – über Bildschirm natürlich».[10] Ein typischer Hacker-Dialog aus The Hacker's Dictionary[11] lautet:

«Food – p?»
«Small – p?»
«T.»
«T!»

Das bedeutet in Langschrift etwa:
«Hast du Lust, jetzt essen zu gehen?» –
«Keine schlechte Idee; was würdest du
zu Joyce Chen's Small Eating Place sagen?» –

«Von mir aus gern.» –
«Dann komme ich jetzt mit dir!»

Die zeit- und leitungssparende Verkürzung wird bis zum äußersten getrieben. Natürlich sind solche Idiome dazu angetan, den Sprachverfall zusätzlich zu beschleunigen, und so mag man darin etwas Beklagenswertes sehen. Dennoch würde man dem Phänomen nicht gerecht, wenn man es ausschließlich als technischen Tick, Mundfaulheit oder Dekadenz interpretieren wollte. Es spielt noch etwas anderes mit hinein, das durchaus positiv zu sehen ist, nämlich ein systematisches, tastendes Probieren, wie weit man die Reduktion der hör- oder lesbaren Sprache treiben kann, ohne daß die Verständigung zusammenbricht. Und da zeigt sich, daß man mit erstaunlich wenig Sprachmaterial auskommen kann, jedenfalls solange es sich um äußere, klar umrissene Fakten handelt, die dem Absender und dem Empfänger der Nachricht gleichermaßen bekannt sind. Das aber bedeutet, daß man eine Information nicht nur aus dem empfängt, was man ausgeführt vorfindet, sondern auch aus dem, was man nicht vorfindet, ja, daß sogar der überwiegende Teil der Nachricht ungesagt bleiben kann und trotzdem vollständig ankommt. Das Nichtgesagte wird in den Computerdialogen zur Hauptsache!

Dahinter steckt eine noch viel weiter reichende, fundamentale Entdeckung, die schon in den Schützengräben des Ersten Weltkrieges unter dem Eindruck unfaßbaren Grauens von sensiblen Sprachkünstlern gemacht wurde[12] und seither von immer mehr Menschen, besonders jungen Menschen, bewußt oder unbewußt praktiziert wird: Wenn jemand, den ein starkes inneres Erlebnis umtreibt, das Bedürfnis empfindet, sich einem anderen mitzuteilen, und nach Worten sucht, die dazu geeignet wären, sie aber nicht findet und deshalb nur noch stammelnde Andeutungen macht, immer weniger redet und schließlich verstummt, dann tritt für das Wahrnehmen des Zuhörers keineswegs, wie man meinen könnte, eine Unterbrechung ein, eine Lücke mangels Text, sondern im Gegenteil ein besonders tiefes, intensives Verstehen über die Sprachlosigkeit hinweg, als ob ein Funke überspringt und das eigene Empfinden entzündet. Man vernimmt etwas wie eine Sprache jenseits der Sprache, unhörbar, und doch von einer Kraft und Eindringlichkeit, die derjenigen einer Sinneswahrnehmung gleichkommt oder sie sogar übertrifft. Ein selbsterlebtes Beispiel möge der Veranschaulichung dienen:

Einige Schüler der Oberstufe, die von einer internationalen Schülertagung zurückkehrten, an deren Zustandekommen sie aktiv beteiligt gewesen waren, fühlten sich so begeistert und erfüllt von den Erlebnissen in der Gemeinschaft Gleichgesinnter aus Europa und Übersee, daß sie den Wunsch äußerten, sie würden gerne allen Mitschülern der oberen Klassen davon erzählen. Eine Versammlung der gesamten Oberstufe wurde einberufen, und nun berichteten die Jugendlichen der Reihe nach von den mehr äußeren Gegebenheiten; alles schien wohlvorbereitet und wurde flüssig abgewickelt. Kaum aber kam einer von ihnen an den Punkt, zu sagen, was ihn denn so tief beeindruckt habe, geriet er ins Stocken, suchte heftig gestikulierend nach einem treffenden Ausdruck, stotterte fast, gab schließlich auf und überließ die schwierige Aufgabe seinem Nachredner. Dem erging es nicht besser: Als die Fakten berichtet waren, rang er nach Worten, brachte kaum noch einen aussagekräftigen Satz über die Lippen und brach resigniert ab mit der Bemerkung, es sei eben «ganz toll» gewesen, wohl wissend, daß er damit im Grunde überhaupt nichts gesagt hatte. Als Zuhörer mußte man sich fragen, ob die Berichtsstunde nicht ihren Zweck verfehlte, wenn über das Eigentliche, um dessentwillen die Versammlung anberaumt worden war, nichts Faßbares gesagt werden konnte. Überraschenderweise zeigten die Mitschüler aber keinerlei Unmut, saßen weiterhin ruhig da, hörten gespannt zu und erklärten am nächsten Tag auf die Frage, wie sie die Art des Berichtes gefunden hätten, ohne Zögern: «Eindrucksvoll!»

Offensichtlich hatte sich ihnen auch ohne Worte kräftig mitgeteilt, was ihren Kameradinnen und Kameraden ein Herzensanliegen war. Allerdings hätten sie es ebensowenig in Begriffe fassen können wie jene, denn sie fühlten sich von feinsten Seelenklängen angerührt, die ihnen gerade dort hörbar wurden, wo die äußere Sprache verstummen mußte vor der Gewalt des inneren Erlebens. Hätten die Sprecher alle die starken Ausdrücke und wohltönenden Wendungen gebraucht, die uns sonst so leicht vom Munde gehen, hätten die Zuhörer sicher nichts Derartiges erlebt. Erst das mühsame Suchen nach Worten, das ehrliche Ringen mit der Sprache und der Verzicht auf das Aussprechen des Entscheidenden machte die Verständigung möglich, baute eine Brücke von Mensch zu Mensch, über den Abgrund des Schweigens hinweg. Die Sprache des Herzens wurde vom Herzen vernommen.

Ähnliches kann man öfter beobachten. Jugendliche verfügen heute über eine verblüffende Fähigkeit, die Worte eines Erwachsenen zu durchhören und das wahrzunehmen, was gewissermaßen zwischen den Zeilen schwingt, was unhörbar im Hintergrund steht. Sie lauschen in die Fugen zwischen den Worten und erspüren genau, welcher Art der Mensch ist, der zu ihnen spricht. Messerscharfe Dialektik und brillante Argumentation, wortreiche Rhetorik und wissenschaftlicher Nimbus beeindrucken sie nicht sonderlich. Sie wollen wissen, ob der Sprecher das auch tut, was er sagt, und fragen damit nach seiner ethisch-moralischen Qualifikation. Lehrer und Erzieher wissen aus Erfahrung, wie unmöglich es ist, sein wahres Wesen vor diesem forschenden Hören zu verbergen: Mag man sich äußerlich geben, wie man will, die jungen Leute dringen mit unbeirrbarer Sicherheit hindurch zum Kern der Persönlichkeit und kennen den Erwachsenen in seinen Schwächen und Eigenarten meist viel intimer, als er selbst vermutet oder wahrhaben möchte. Daran erweist sich mit aller Deutlichkeit, daß das Lauschen auf unhörbare Untertöne des Sprechens, an dem besonders jungen Menschen so viel gelegen ist, nicht in eine subjektive Gefühlskultur hineinführt, der keinerlei Wirklichkeitscharakter beizumessen wäre, wie die Skeptiker behaupten, sondern in ein objektives Wahrnehmen seelischer und geistiger Tatsachen.

Wie stets in der Geschichte gibt es auch in unserem Jahrhundert Persönlichkeiten, die in der Ausbildung gewisser Fähigkeiten, welche sich die Allgemeinheit noch nicht oder noch nicht in so hohem Maße erworben hat, ihrer Zeit voraus sind. Zu ihnen gehört der 1924 geborene Jacques Lusseyran, der als Kind durch einen Unfall das Augenlicht verlor. Ihm stand die Gabe des Durchhörens der Sprache, die sich bei den meisten Menschen erst zart und keimhaft zu regen beginnt, durch seine besondere Schicksalssituation und Begabung schon in einem wesentlich höheren, deutlicher ausgebildeten Grade zu Gebote:

Nachdem die deutsche Wehrmacht 1940 den größeren Teil Frankreichs besetzt hatte, baute Lusseyran als 17jähriger Gymnasiast mit Freunden zusammen in Paris eine Widerstandsgruppe auf, die sich schon bald den großen Widerstandsbewegungen im Lande ebenbürtig zur Seite stellte. Die schwerste, über Leben und Tod aller Beteiligten entscheidende Aufgabe war dabei, die neu aufzunehmenden Mitglieder auf ihre charakterliche Zuverlässigkeit zu prüfen. Ein einziger Verräter, den man nicht erkannte, hätte für alle das Ende bedeutet; und doch war keine Zeit und Gelegenheit, die in Frage kommenden Menschen ausgiebig kennenzulernen. Die Entscheidung über Aufnahme oder Nichtaufnahme mußte rasch fallen. Niemand schien dafür geeigneter als der blinde Schüler Lusseyran, dem ein intuitives «Gefühl für Personen» nachgesagt wurde, und tatsächlich war unter den 600 jungen Männern, die er im Laufe eines Jahres in die Résistance aufnahm, kein einziger Spitzel oder Verräter. Woher gewann er eine so unfehlbare Sicherheit seines Urteils?

Er schreibt in seiner Autobiographie: «Wenn ich Herzen und Gewissen erforschen konnte (und daran hatte ich keinen Zweifel), so deshalb, weil ich blind war, aus keinem anderen Grund... Ich war überglücklich, diese Arbeit zu tun. Menschen vor mir zu haben, sie dazu zu bringen, daß sie von sich sprachen, daß sie Dinge sagten, die sie gewöhnlich nicht sagten, weil sie zu tief lagen, plötzlich in ihrer Stimme jenen so unnachahmlichen Klang, den Klang des Vertrauens zu hören – das erfüllte mich mit einer Gewißheit, die einer Liebe nahekam . . . Seitdem wir an der Résistance teilnahmen, waren unsere geistigen Fähigkeiten gewachsen. Alle Arten von dunklen Problemen hatten sich erhellt. Unser aller Gedächtnis hatte sich unerhört geübt. *Wir lasen zwischen den Worten und in den Pausen.*»[13]

Lusseyrans Freund Georges hatte eines Tages das unbestimmte Gefühl, einem der Neulinge sei nicht zu trauen, ohne daß er den Verdacht begründen konnte. Um Gewißheit zu bekommen, arrangierte er ein Treffen mit «dem Blinden», und nun erlebte Lusseyran folgendes:

«Jener Nivel war für mich ein Unbekannter, und ich verließ mich keineswegs auf Georges' Befürchtungen. Als aber Nivel eintrat und ein überfreundliches ‹Guten Tag› ertönen ließ, war die Diagnose mühelos gestellt: ‹Diesen Menschen fallenlassen! So schnell wie möglich sich von ihm lösen!›

Seine warme Stimme, seine wohl abgerundeten Sätze gaben ihm das Gesicht, das ich zunächst gesehen hatte. Aber unter diesem Gesicht kam sofort ein anderes zum Vorschein. Bald zog es sich zurück, zog sich zusammen, bald kam es wieder, ohne sein Zutun, hervor. Das sah aus wie eine Aufblähung. Dieser Mensch hatte Blasen in der Stimme.

Er schwatzte eine halbe Stunde. Vielleicht dachte er, wir hätten das gern. Als er weg war, sagte ich zu Georges, er habe mit seinem Mißtrauen ‹verflixt recht› gehabt. Und Georges sagte zu mir, ich hätte während des ganzen Gesprächs einen abwesenden Eindruck gemacht.

Ich war in Tiefen getaucht, das war wahr. Ich hatte in mir eine geheime Kammer: Wenn ich auf die gute Idee kam, dorthin hinabzusteigen, wurden alle Dinge einfach und klar. Vor allem von den Menschen war hier alle Tünche abgewaschen: In einem sanften Worte konnte ich eine Drohung hören, in einem prahlerischen Ausspruch die Angst. Und dieser Ort der Klarheit – es ist seltsam! – war nichts anderes als jener innere Raum, der mir vertraut ist, seitdem ich mit acht Jahren blind geworden bin.

Ich habe niemals genau erfahren, welches Unglück uns meine Intuition erspart hatte. Doch einige Monate später wurde der verdächtige Nivel unter den Mitgliedern des Ordnungsdienstes der Nationalen Volksbewegung während einer Tagung über die Zusammenarbeit mit Deutschland gesehen. Er trug das Parteiabzeichen und brüllte mit den anderen ‹Heil Hitler›.» (S. 174 f.)

Der sehenden Blindheit gelang es, durch die Fassade der Worte hindurchzustoßen zu einem ganz anderen, verborgenen Wesen, von dem der Mann vielleicht selbst noch nichts wußte, das erst später in seiner Handlungsweise ans Tageslicht trat, von dem aber Lusseyran schon jetzt mit voller Gewißheit sagen konnte, daß es auf charakterliche Unzuverlässigkeit schließen lasse. – Nur einmal, im Mai 1943, geschah es, daß Lusseyran bei einem scheinbar sehr zuverlässigen und tüchtigen Neuling in Verwirrung geriet und sich weder für ein Ja noch für ein Nein entscheiden konnte: «Etwas wie eine schwarze Lichtschranke hatte sich zwischen Elio und mich geschoben. Ich konnte diese Schranke deutlich sehen, doch ich wußte nicht, wie ich sie erklären sollte.» (S. 206) Trotz erheblicher Bedenken nahm die Gruppe ihn schließlich auf, und einige Monate später war es dieser Mann, der die gesamte Führungsspitze an die Gestapo verriet!

An der zitierten Begegnung mit Nivel fällt eine Tatsache besonders auf: Der Fremde hatte sein «Bonjour» noch nicht zu Ende gesprochen, da war er bereits durchschaut, oder besser: durchhört. Der Gruß genügte Lusseyrans geschärftem Gehör, um eine absolut sichere Diagnose zu stellen. Das beweist, wie anders eine solche Wesenserkenntnis zustande kommt als alles, was wir im gewöhnlichen Leben sonst an Erkenntnis gewinnen: Sie baut sich nicht aus vielen Einzelwahrnehmungen sukzessive zu einer komplexen Gesamtwahrnehmung auf, sondern tritt sogleich in ihrer Totalität vor die Seele, mit einer Fülle kompliziertester Zusammenhänge, die darzulegen viel Zeit beanspruchen würde und am Ende immer noch unbefriedigend bleiben müßte, weil das analytisch-diskursive Beschreiben aller Einzelheiten das wirkliche Erlebnis so wenig ersetzen kann wie die Mappe von Architekturzeichnungen den vollendeten Bau oder die dürren Notenzeichen den tatsächlich erklingenden Akkord.

Vergleichbares kennen wir nur aus einem Sonderzustand zwischen Schlafen und Wachen, etwa, wenn neben unserem Bett aus irgendeinem Grunde der Stuhl umfällt und wir von dem Geräusch erwachen. Haben wir zuvor sehr fest geschlafen, geschieht das Aufwachen wohl selten in der Art, daß wir hochschießen und sofort wissen «Der Stuhl ist umgefallen», sondern meistens geht dem noch ein anderes Erlebnis voraus, das sich beispielsweise folgendermaßen abspielen kann: Wir sehen uns unvermittelt auf einem weiten Schlachtfeld. Von rechts marschieren Truppen auf, in grauen Uniformen und schwarzen Mänteln, mit geschultertem Gewehr und blitzenden Helmen, Männer mit mürrischen Gesichtern. In der Ferne hört man Kanonendonner und Kriegslärm, der Kampf scheint bereits in vollem Gange. Von links marschieren ebenfalls Truppen heran, ganz anders gekleidet: Sie tragen fremdländisch anmutende rote Uniformen mit goldenen Tressen und Knöpfen, dazu hohe, ekkige Helme, teilweise von wehenden Federbüschen gekrönt. Schwitzend und keuchend zerren einige Soldaten dicke Kanonen auf hölzernen Lafetten hinter sich her; man sieht, wie die Räder im schlammigen Boden halb versinken. Sie richten die Kanonen, legen Pulver und Kugeln ein, ziehen lange weiße Schnüre aus der Tasche, fädeln sie neben den eingegossenen Wappenzeichen durch ein Loch in das Innere der Rohre, entzünden das Ende, die Flamme leckt und frißt sich an dem Faden empor, bis sie den Rand der Öffnung erreicht hat, dann plötzlich ein furchtbarer Knall – der Stuhl ist umgefallen, und wir sind erwacht.

Wer über dieses oder ein ähnliches Erlebnis nachsinnt, muß sich fragen: Wie lange hat der Traum eigentlich gedauert? Bedenkt man die tausend Einzelheiten, die man alle deutlich wahrgenommen hat, sollte man meinen, er müßte eine beträchtliche

Zeit in Anspruch genommen haben; jedenfalls würde es viel Zeit kosten, ihn detailgetreu zu erzählen, und vielleicht hat man sogar den Eindruck, so viel erlebt zu haben, daß ein richtiges kleines Drama daraus würde, wollte man alles zu Papier bringen. Und doch hat er wohl so gut wie überhaupt keine Zeit gedauert, ja, genaugenommen hat er *gegen* die Zeit stattgefunden, denn der Knall, mit dem er endete, stand ursächlich am Anfang. – Hier stoßen wir auf eine Wahrnehmungssphäre, die nicht den Gesetzen der physischen Welt unterliegt. Es ist, als ob die Zeit zum Raume wird, zu einem bühnenartigen Bildtableau von unendlicher Tiefe und Breite, auf dem alles gleichzeitig im räumlichen Nebeneinander erscheint, was sonst nur nacheinander aufzunehmen wäre. Entsprechendes wird von Menschen berichtet, die dem Tode nahekamen, z. B. von Bergsteigern, die einen Absturz überlebten, oder von Ertrinkenden, die im letzten Augenblick gerettet wurden: Sie sahen in Sekundenbruchteilen ihr gesamtes bisheriges Leben wie zu einem gewaltigen Panorama zusammengedrängt mit einem Blick vor sich. Ein Kosmos innerer Bilder tat sich auf.

Mögen die Erlebnisse im einzelnen auch unterschiedlich sein, charakteristisch ist für jedes von ihnen, daß der Betroffene im Augenblick des Erschauens sich an der Schwelle jenes geheimnisvollen Reiches befand, das wir Schlaf oder Tod nennen.

Daraus erhellt, warum die von Lusseyran praktizierte Erkenntnisart für das gewöhnliche Bewußtsein ans Wunderbare grenzt: Offenbarungen, die uns sonst nur in ungewollten Ausnahmesituationen zuteil werden, vermag sie bewußt und willkürlich herbeizuführen. Sie überschreitet in Freiheit die Grenzen der naturwissenschaftlich bekannten Welt und begibt sich in ein exaktes Wahrnehmen der dahinter liegenden unsichtbaren Welt, deren Existenz der Materialismus stets abgeleugnet hat oder die zu erforschen wenigstens für unmöglich galt, und sprengt so alle bisherige Erfahrung.

Geht man davon aus – und vieles spricht dafür –, daß Lusseyran nicht ein abnorm veranlagter Außenseiter war, sondern ein

Exponent neuer Wahrnehmungsgaben, die in allen Menschen der Gegenwart als Möglichkeit schlummern, dann fühlt man sich zu der bedeutsamen Schlußfolgerung gedrängt, daß die Menschheit heute als ganze an der Schwelle steht und sich anschickt, die Schranken der sinnesgebundenen Erkenntnis niederzureißen, um zu vollkommen neuen Erfahrungshorizonten aufzubrechen – ein Eindruck, der sich ja auch schon aus anderen Beobachtungen ergab.

Damit bahnt sich eine Umwälzung ungeahnten Ausmaßes an. Zwar steht sie noch ganz in den Anfängen, und die wenigsten wissen von ihr, aber man kann sich leicht ausmalen, was geschehen müßte, wenn aus den wenigen Wissenden plötzlich Hunderttausende würden, denen das wesenerfassende Hören schon genauso sicher handhabbar zu Gebote stünde wie Lusseyran: Ihnen könnte man nicht mehr mit schönen Worten einen blauen Dunst vormachen; sie würden die Täuschung durchhören und zur Wahrheit vorstoßen, denn sie hätten ein neues Organ für den Unterschied von Schein und Sein, das ihnen erlauben würde, Mitmenschen auf Herz und Nieren zu prüfen – vorausgesetzt, man hat sie überhaupt in natura vor sich. Politiker im Wahlkampf halten es heutzutage ja für sehr viel wichtiger, dem Publikum als Bildschirmpersönlichkeit bekannt zu werden statt als handgreiflicher Zeitgenosse aus Fleisch und Blut; das Medium schützt sie bis zu einem gewissen Grade davor, in der direkten Begegnung innerlich «geröntgt» zu werden. Indes würden sie auf Dauer dem prüfenden Gehör doch nicht entgehen und immer mehr Mühe haben, sich hinter glitzernden Fassaden zu verstecken. Wo man Menschen aber nicht mehr mit Worten und äußerem Prunk über die Wahrheit täuschen kann, entfällt die Möglichkeit, sie zu manipulieren, und man hat keine Macht mehr über sie. Viele der gegenwärtigen Machtstrukturen würden wie ein Kartenhaus zusammenbrechen, wenn sich Lusseyrans Fähigkeit zu einer allgemeinen Fähigkeit entwickeln würde.

Doch bis dahin ist noch ein weiter Weg, und leider muß man konstatieren, daß schon jetzt dem berechtigten, zeitnotwendigen

Suchen nach neuen, bildgesättigten Denkerfahrungen ebenso wie dem Tasten nach Wesenserkenntnis durch eine Art inspirativen Hörens alles nur Erdenkliche in den Weg gelegt wird, was seiner Ausbildung abträglich ist oder sie sogar unmöglich macht. Das mit Abstand gewaltigste Hindernis für die freie Entfaltung dieser modernen Seelenkräfte bilden – mag das auch erschreckend klingen – die neuen Medien, denen die folgenden Abschnitte gewidmet sind.

Fernsehen – Scheinbefriedigung des Bildhungers

Gemessen an den langen Zeiträumen der Menschheitsentwicklung sind die Medien eine sehr junge Erscheinung: Die Erfindung des Buchdrucks ist gut fünfhundert Jahre alt, die elektrische Übermittlung von Ton und Sprache setzte vor rund hundert Jahren ein, und erst in unserem Jahrhundert wurde das dritte große Medium entwickelt, die von künstlicher Tonerzeugung begleitete Wiedergabe bewegter Bilder, zunächst im Film, dann auch elektronisch gesteuert auf dem Bildschirm. Historisch gesehen sind das äußerst kurze Zeiten, und doch hat sich die Menschheit schon so daran gewöhnt, daß ein Leben ohne Medien gar nicht mehr vorstellbar erscheint. Wer heutzutage bekundet, keinen Fernseher zu haben, wird schon wie ein Fossil aus längst vergangenen Zeiten bestaunt; wer aber gar von sich sagen würde, er höre kein Radio, lese keine Zeitung und benutze nicht das Telefon, der würde für verrückt erklärt. Die vorhandenen Medien zu benutzen, gehört so selbstverständlich zum modernen Leben wie das Auto oder der Kühlschrank.

Jedoch gelten nicht alle Medien gleich. Es ist weltweit zu beobachten, welch eine überragende Bedeutung dem Fernsehen beigemessen wird. Wenn jemand keine Bücher liest, hält man ihn deshalb noch lange nicht für weltfremd; selbst der Gebrauch von Radio und Telefon ist nicht entscheidend, wenn nur das Televisionsgerät vorhanden ist. Die Menschen können Analphabeten sein, hungrig in den verkommensten Elendsquartieren hocken und jeden Komfort entbehren – in dem Moment, wo ihr eigener Fernseher läuft, fühlen sie sich auf der Höhe der Zeit. Eine geradezu wundersame, mit dem Kultus früherer Zeiten in gewissem Sinne vergleichbare Wirkung geht von der flimmernden Scheibe aus: Sie gibt dem privaten Leben den Mittelpunkt, die Orientierung und den Maßstab; sie bestimmt die Zeiteinteilung, lehrt alle, das gleiche zu fühlen und zu denken, vereint das Bewußtsein und kennt keine sozialen Schranken, sie erweitert den eigenen kleinen Gesichtskreis ins Unermeßliche und gibt selbst dem Ärmsten der Armen noch das Empfinden, angeschlossen zu sein an das Geschehen der großen weiten Welt; hier erfährt man, was im Leben wichtig ist, was man zur Bildung wissen muß, was modern und modisch ist, man wird unterhalten, informiert, belehrt. Es gibt in der heutigen Welt nichts, was so zentral und universal in das Leben der gesamten Menschheit eingreift wie das Fernsehen. Es ist zum Inbegriff modernen Lebens geworden.

Wie konnte es zu einer solchen Wertschätzung gelangen? Sicher spielt die Faszination, die von bewegten, farbigen, klingenden und sprechenden Bildern ausgeht, eine große Rolle; die Vorteile des «Heimkinos» – ungeschmälerte Bequemlichkeit, willkürliches Schalten und Walten, freie Wahl des Programms etc. – kommen hinzu. Doch dürfte den Zuschauern noch wichtiger sein, daß dieses Medium über die bloße Unterhaltung hinaus immer wieder Bilder präsentiert von der Welt um uns, glanzvolle Aufzeichnungen von ihren Schönheiten und Sehenswürdigkeiten, Reportagen von aktuellen Ereignissen und Neuheiten, kurz, Eindrücke von der gesamten Wirklichkeit, und zwar solche, die nicht durch den persönlichen Blick des Betrachters gefärbt sind, sondern die Welt so geben, wie sie ist, so daß man sich mitten darin fühlt, alles aus erster Hand erfährt, selbst sich ein Urteil bilden kann und weiß, wie die Tatsachen aussehen; Bilder also, die *Wahrheit* geben. Das vor allem ist es, was am Fernsehen geschätzt wird – wenn darin auch ein gerütteltes Maß an Illusion verborgen liegt, wie jeder weiß, der einmal Einblick gewinnen konnte in die Produktion von Fernsehberichten.[14] Und so findet das *Verlangen nach wirklichkeitserfüllten, lebendig bewegten Bildern*, von dessen wachsender Macht im Zusammenhang mit der Mythos-Renaissance weiter oben die Rede war, hier auf eine äußere, höchst bequeme Art reiche Befriedigung, wenigstens dem Scheine nach.

Nur wenigen Fernsehbenutzern ist bewußt, daß der Bildschirm diesem Verlangen auch noch in einer anderen Hinsicht entgegenkommt. Er produziert nämlich Bilder, die fast nicht mehr dem äußeren Raume angehören: Die Technik der mosaikartigen Bildsynthese mit Hilfe eines einzigen, über die gesamte Schirmfläche eilenden, in seiner Helligkeit variablen Leuchtpunktes, der von dem Kathodenstrahl der Fernsehröhre erzeugt wird, bringt es mit sich, wie in dem Büchlein *Bildschirmtechnik und Bewußtseinsmanipulation* schon beschrieben wurde, daß auf der Mattscheibe niemals das komplette Bild vorhanden ist. Zwar leuchten die getroffenen Bildschirmstellen nach (und auf diese Nachleuchteffekte rechnet man auch bei der wechselzeiligen Abfolge der Bildabtastung), aber das ändert nichts an der Tatsache, daß es keinen einzigen Augenblick gibt, an dem das Bildmosaik vollständig aufgebaut auf dem Schirm zu finden wäre. Das vom ersten bis zum letzten Rasterpunkt gestochen scharfe Gesamtbild, das wir draußen zu sehen meinen, entsteht in Wirklichkeit erst in uns selbst, nämlich auf unserer Netzhaut, die viel zu träge ist, um einem Leuchtpunkt folgen zu können, der in $\frac{1}{30}$ Sekunde eine halbe Million Bildpunkte durchrast und sogleich wieder von vorne beginnt. Das Fernsehbild ist also, genaugenommen, gar nicht mehr ein äußeres Bild, das im Sinnesraum anzutreffen ist, sondern führt schon herüber in einen *inneren Raum*, den jeder in sich selbst trägt; es bewegt sich an der Grenze des Raumes und stellt somit unausgesprochen eine Art Schwellenerlebnis dar, wenn auch nur auf physischer Ebene.

Innerliche, wahre, lebendig bewegte Bilder – Punkt für Punkt entspricht das Fernsehen den oben geschilderten Merkmalen imaginativen Bilderlebens, und ist doch das krasse Gegenteil davon. Was bedeutet das für den Benutzer?

Man kann dem Medium große Bedeutung zuerkennen für alles, was mit der Übermittlung bildlicher Information zusammenhängt; hier hat es gewaltige Fortschritte gebracht, die aus der heutigen Zeit nicht mehr wegzudenken sind. Doch wird es ja nicht nur zu solchen Zwecken gebraucht, sondern ist mehr und mehr zum integralen Bestandteil der Lebens- und Freizeitgestaltung geworden, zu einer Sinnesberieselung, die von Kindern und Erwachsenen im Dauerkonsum genossen wird, wobei Sport und seichte Unterhaltung einen weitaus größeren Raum einnehmen als seriöse Information und Bildung. Und damit wird nun, bei allen Vorzügen des Mediums, die man durchaus anerkennen kann, etwas zugeschüttet, auf das es für die Zukunft entscheidend ankommt: die Fähigkeit, aus eigener Kraft die Schwelle zu erreichen und zur Wahrheit innerer Bilderfahrung vorzustoßen. Wonach die Menschen sich im Tiefsten sehnen und was sie eigentlich mit den Augen des Geistes in ihrer Seele erleben möchten, das schießt ihnen der Kathodenstrahl ins sinnliche Auge, und sie bemerken gar nicht, daß ihr berechtigtes, für die Weiterentwicklung der Kultur so notwendiges Streben nach Wahrbildern auf raffinierte Weise getäuscht, ja pervertiert wird. Echte Imaginationen entstehen durch gesteigerte Aktivität eines sich selbst erziehenden Ich, Fernsehbilder empfängt man in totaler Passivität. Echte Imaginationen offenbaren höhere, übersinnliche Welten, Fernsehbilder ketten das Bewußtsein an die materielle Welt. Die Seele glaubt sich ernährt und wird mit einer Pseudo-Nahrung betrogen.

Sogar in physiologischer Hinsicht ist die totale Passivität nachweisbar, die mancher Benutzer aus seinem persönlichen Empfinden heraus in Abrede stellen möchte: Das völlig monotone Hin- und Hereilen des Leuchtpunktes auf der Bildschirmfläche wird vom Auge als bedeutungsloses Flackern registriert; der Organismus reagiert mit einer Entspannung der Ziliarmuskeln, so daß die Augachsen sich nicht mehr kreuzen, der Blick ins Leere geht und trotz wachen Bewußtseins körperlich ein schlafähnlicher Erschlaffungszustand eintritt, der sich im EEG an der drastischen Reduzierung der Gehirnstromtätigkeit zeigt. (Näheres dazu in dem erwähnten Büchlein.)

So muß die massenhafte, weltweite Verbreitung des Fernsehens als ein wesentliches Hindernis betrachtet werden für die Ausbildung der neuen Fähigkeiten, mit denen sich die bedrohliche Ich-Leere des modernen Intellekts überwinden ließe.

Digitaltechnik für die Sprachübermittlung

Die analytische Rastermethode, die von der Videotechnik für die elektronische Bildübermittlung eingesetzt wird, findet seit kurzem ihre Entsprechung in der Digitaltechnik bei der Übertragung von Sprache und Musik. Beide Techniken haben begonnen, sich zu verschwistern, und werden, wenn es nach den Wünschen der Fachleute geht, unseren Medienalltag in einer Weise verändern, daß man ohne Übertreibung von einer zweiten, postindustriellen Revolution wird sprechen müssen. Um eine Urteilsgrundlage für die nachfolgenden Punkte zu geben, sei hier zunächst ein Exkurs eingeschoben, wie digitale Sprachübermittlung im Fernsprechverkehr funktioniert.

Die bisher verwendeten Telefonanlagen arbeiten noch nach dem traditionellen Analog-Verfahren: Der Sprecher versetzt die Membran des Mikrophons in mechanische Schwingungen; diese werden zu analogen elektromagnetischen Schwingungen umgewandelt, weitergeleitet und in der Hörmuschel des Empfangsgerätes wieder in Schallwellen zurückverwandelt. Die zweiadrige Übertragungsleitung, in der sich die elektrische Schwingung abspielt, dient hierbei der permanenten Koppelung von Sende- und Empfangsgerät. – Die Digitaltechnik geht prinzipiell anders vor, indem sie nicht mehr den Schwingungsvorgang als ganzen zum

Gegenstand der Übertragung macht, sondern aus dem fortlaufenden Schwingungsgeschehen nur noch Proben entnimmt und diese als Einzelsignale weiterleitet, aus denen empfangsseitig der ursprüngliche Ton rekonstruiert wird, wobei ein Kondensator die fehlenden Passagen überbrückt. Genauer gesagt sind es nicht einmal Proben, die aus dem Original entnommen werden, sondern das Gerät tastet die Amplituden des Analogsignals in regel-

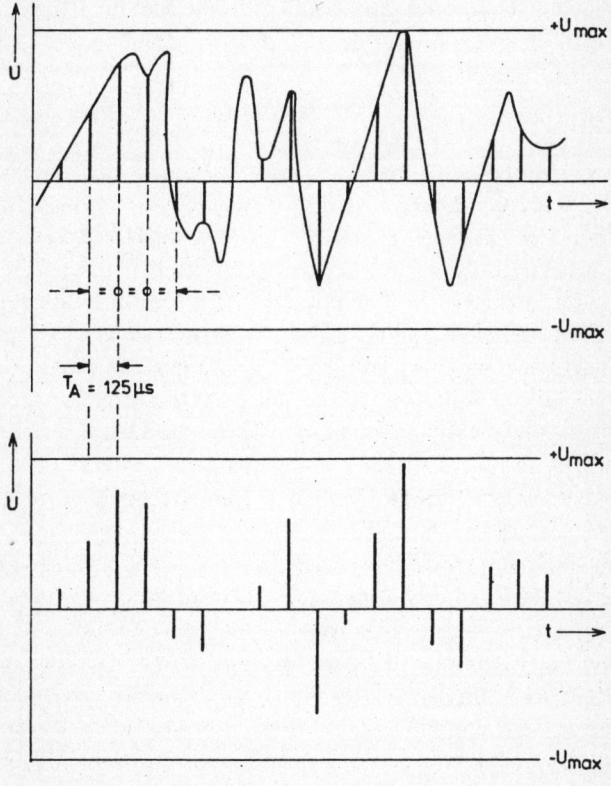

Oben: Analoges Fernsprechsignal mit Amplitudenabtastung
Unten: Abtastergebnisse, die codiert übermittelt werden

mäßigen Abständen ab, stellt anhand eines vorgegebenen Parameters fest, wie stark der Ausschlag zu dem Zeitpunkt in positiver oder negativer Richtung ist (siehe Zeichnung), und verwandelt jeden solcherart gemessenen Wert in ein digitales Codewort, welches — dem Binärcode des Computers entsprechend – aus einer bestimmten Abfolge der beiden Grundsignale *Strom an* und *Strom aus* (auch «1» und «0» genannt) besteht. Die Techniker nennen das Puls-Code-Modulation (PCM). Ausschließlich dieses Codewort wird jeweils übermittelt, auf der Empfängerseite entschlüsselt und mit dem Aufbau eines analogen Amplitudenwertes beantwortet.

Eine möglichst naturgetreue Übertragung des Sprechvorgangs setzt voraus, daß in dem angewendeten Meßsystem genügend feine Abstufungen vorhanden sind, mit denen sich die in der menschlichen Sprache sehr häufig auftretenden minimalen Amplitudenschwankungen ebenso präzise erfassen lassen wie mittlere und extrem starke. Andererseits darf die Zahl der möglichen Meßwerte nicht zu groß sein, um die Bit-Zahl des Binärcodes möglichst gering zu halten. Daher hat man 256 Quantisierungsintervalle mit aufsteigender Größe festgelegt, so daß im Rahmen von 8 Binärzeichen (Bits) jeder beliebige Abtastwert von -128 bis $+128$ eindeutig codiert werden kann. Der Wert -13 lautet dann z. B. 00001101, der Wert $+57$: 10111001.

Ebenso wichtig für die Qualität der Übertragung ist die Häufigkeit der Abtastung. Es leuchtet ein, daß eine verzerrungsfreie Wiedergabe nur möglich ist, wenn auch die allerschnellsten Frequenzen noch mit mindestens einer Messung jeweils in ihrem Positiv- und in ihrem Negativ-Ausschlag erfaßt werden, und so hat der amerikanische Physiker Shannon als «Abtast-Theorem» postuliert, daß die Anzahl der Messungen mindestens doppelt so hoch sein muß wie die höchste vorkommende Frequenz. In der heutigen Fernsprechtechnik liegt die Spannweite der Frequenzen zwischen 300 und 3400 Hz pro Sekunde, und dementsprechend hat man sich international auf eine Norm von 8000 Abtastungen pro Sekunde geeinigt.

Das bedeutet, daß zwischen den Messungen ein Zeitraum von 1 Sekunde : 8000 = 125 Mikrosekunden (μS) liegt. (1 Mikrosekunde ist der millionste Teil einer Sekunde.) Dem Laien erscheint das unerhört kurz, dem Elektroniker hingegen lang: Die Abtastung und Weitergabe des Meßwertes beansprucht nur einen winzigen Bruchteil dieser Zeit, und dann ist die Leitung frei. Man kann sie verwenden, um rasch noch den Abtastwert eines zweiten, parallel laufenden Gespräches zu übermitteln, danach eines dritten, vierten, fünften Gespräches usw., bis der zur Verfügung stehende «Pulsrahmen» von 125 μS ausgeschöpft ist und das erste Gespräch erneut abgetastet werden muß. Darauf beginnt der nächste Zyklus nacheinander folgender Abtastsignale in der gleichen Reihenfolge wie vorher, und die Empfangsapparatur ordnet jedes ankommende Signal dem jeweiligen Einzelgespräch zu, so daß jetzt dieselbe Leitung, über die im Analogverfahren nur ein einziger Sprechvorgang vermittelt werden konnte, für eine Vielzahl gleichzeitig stattfindender Gespräche genutzt werden kann, ohne Qualitätseinbuße in der Wiedergabe; im Gegenteil, da nur die grob eindeutigen Signale des *Strom-An* und *Strom-Aus* gesendet werden, ist die Anfälligkeit für Störungen auf dem langen Übertragungswege denkbar gering.

Die in Europa gängigen Übertragungssysteme des Typs PCM 30 operieren mit 32 «Zeitschlitzen» von ca. 3,9 μS Dauer, durch die sich 30 Gespräche und 2 technische Begleitinformationen auf einem einzigen Kanal übertragen lassen, also $32 \cdot 8000 \cdot 8 = 2\,048\,000$ Bit pro Sekunde (2048 kBit). Das ist jedoch nur ein bescheidener Anfang. Zwischen München und Nürnberg installierte die Firma Siemens 1987 ein Glasfaserkabel mit 32 Fasern, von denen jede einzelne die beachtliche Zahl von 8064 Kanälen zur Verfügung stellt; je zwei werden für die beiden Sprechrichtungen eines Telefonats zusammengefaßt, und somit können hier 4032 Gespräche gleichzeitig geführt werden; das entspricht (einschließlich der technischen Begleitkanäle) einer Bit-Leistung von 565\,000 kBit pro Faser oder 18\,080\,000 kBit im Kabel.[15] Die Firma SEL zeigte auf der Berliner Funkausstellung 1987 eine

Faser, durch die sogar 2,24 Milliarden Bit pro Sekunde transportiert werden können.

Je höher die Bit-Rate, desto stolzer die Techniker. Für unseren Zusammenhang ist es allerdings viel interessanter, einmal die umgekehrte Rechnung zu machen. Wenn heute schon mühelos 8064 Sprechkanäle auf einer einzigen Telefonleitung unterzubringen sind, wieviel Zeit wird dann für die einzelne Abtastung benötigt? Anders gefragt: Wie lange dauert einer der 8000 Augenblicke, in welchem durch das probeweise Berühren des Schwingungsvorganges die eigentliche *Wahrnehmung* geschieht, auf der sich alles andere aufbaut? Die Antwort ist leicht zu finden, indem man den feststehenden Pulsrahmen von 125 μS durch die Anzahl der eingerichteten Zeitschlitze teilt, also z. B. durch 8064. Für jeden Zeitschlitz bleibt danach eine Spanne von 0,015 μS, also 15 Tausendstel von einer Millionstelsekunde, innerhalb derer der Amplitudenwert gemessen, codiert und weitergereicht werden muß; die Abtastung selbst dauert noch unendlich viel kürzer. Indes ist mit 8064 Kanälen noch keineswegs das Ende der technischen Möglichkeiten erreicht – Techniker rechnen bereits damit, daß in absehbarer Zeit der gesamte Informationsaustausch zwischen Europa und den USA über eine einzige Glasfaser abgewickelt werden könnte.[16] Daraus folgt: Die Dauer der Zeitschlitze geht mit fortschreitender Technik immer mehr gegen Null. Die eigentliche Wahrnehmung des analogen Schwingungsvorganges braucht so gut wie überhaupt keine Zeit. Selbst wenn man alle 8000 Abtastungen in ihrer zeitlichen Länge addieren würde, käme man auf keinen nennenswerten Betrag. Die digitale Sprachübermittlung führt uns folglich an die Grenze der Zeit, zu einer Wahrnehmung, die sich fast schon außerhalb der Zeit bewegt!

Videobild und Digitalton – die beiden Geschwister versetzen den Benutzer, ob er es weiß oder nicht, auf physikalisch-äußerliche Weise an die Schwelle von Raum und Zeit und pfropfen ihm damit, ob er es will oder nicht, das technische Gegenstück auf zu demjenigen Schwellenerlebnis, das er in meditativer Arbeit innerseelisch erringen sollte und möchte. Dieses würde ihn zu den ersten Stufen höherer Erkenntnis führen, zu Imagination und Inspiration. Wohin führt ihn jenes, das ihm ohne die geringste Mühe zufällt, ohne Schulung und energische Verwandlung seiner selbst?

Aufbruch zum perfekten Automatenstaat?

Unter dem Kennwort ISDN (Integrated Services Digital Network, im Deutschen auch «Integriertes Sprach- und Datennetz» genannt) hat sich die Deutsche Bundespost zum Ziel gesetzt, das gesamte Fernsprechnetz auf Digitaltechnik umzustellen und mit allen anderen Datenübertragungswegen zu einem einzigen, flächendeckenden Universalnetz zusammenzuschließen – ein gewaltiges Unternehmen, das auf mehrere Jahrzehnte veranschlagt ist und bei Planungsbeginn 1984 bereits auf ein Investitionsvolumen von mehr als 300 Milliarden DM geschätzt wurde, zu denen noch weitere 300 Milliarden hinzuzurechnen wären, wenn alle Kupferkabel durch Glasfasern ersetzt werden sollten, wie es für die Optimierung des integrierten Datenverkehrs erforderlich ist. Die Presse interessierte sich für diese folgenschweren Planungen auffällig wenig. Worum geht es?

Techniker und Unternehmer verweisen auf die bestechenden Vorzüge des neuen Systems: Wenn anstelle elektrischer Schwingungen durch die Fernsprechleitungen ausschließlich 8-Bit-Sequenzen übermittelt werden, besteht die fernmündliche Kommunikation nur noch aus einem Datenaustausch und kann technisch genauso behandelt werden wie der Datenfluß zwischen Computern und anderen Telekommunikationsgeräten. Infolgedessen sind für die verschiedenen Dienstleistungen nicht mehr unterschiedliche Übertragungswege notwendig, sondern alles kann über ein und dasselbe Kabel abgewickelt werden:[17]

Telefon
Videotelefon, Videotelefon-Konferenzen
Datenübertragung zwischen Computern etc.
Telex
Textübertragung (Teletex)
Kopierübertragung (Telefax)
Btx, Funk- und Fernsehprogramme

Die technischen und kommerziellen Vorteile, die eine solche Vereinheitlichung mit sich bringen würde, liegen auf der Hand, und nur von diesen Vorteilen ist die Rede, wo das Projekt in der Öffentlichkeit diskutiert und propagiert wird. Herbert Kubicek, Professor für Betriebswirtschaftslehre an der Universität Bremen (früher Trier), ist meines Wissens der einzige, der seit Jahren energisch versucht, Politiker und Öffentlichkeit wachzurütteln für die Notwendigkeit, die Sozialverträglichkeit oder -unverträglichkeit des integrierten Datenverkehrs gründlich zu prüfen, bevor die Installationen so weit gediehen sind, daß kein Gestaltungsspielraum mehr bleibt. Sein Ansatz besteht darin, daß er mit der gleichen Systematik und wissenschaftlichen Gründlichkeit, mit der die Befürworter die großartigen Möglichkeiten des ISDN für Industrie und Wirtschaft herausarbeiten, die sozialen Folgeerscheinungen und Auswirkungen eruiert, die es auf den Benutzer, das heißt auf uns alle, haben wird. Die Schlußfolgerungen, die er aus einer nüchternen Prüfung der Sachverhalte ziehen mußte, sind bedrückend und verdienten eine größere Resonanz:

«Von besonderer Bedeutung scheint mir zu sein, daß mit der flächendeckenden Vernetzung eine neue soziale Qualität des Technikeinsatzes angestrebt wird, die man als soziale Totalität bezeichnen kann. Die Pläne zielen auf eine umfassende Elektronisierung aller Arbeits- und Lebensbereiche mit Hilfe eines einzigen Universalnetzes ab . . . Mit dem angestrebten Universalnetz soll die prinzipiell universell anwendbare Technik auch praktisch universell verfügbar gemacht werden.

Voraussetzung dafür ist allerdings, daß alle Arbeits- und Lebensbereiche auch computergerecht gestaltet werden. Man kann beim elektronischen Fernbestellen dem Computer eines Versandhauses nicht mit Umschreibungen mitteilen, was man kaufen möchte. Computer können uns nur ‹verstehen›, wenn wir mit ihnen in ihrer Sprache und nach den ihnen vorgegebenen Programmen in Kontakt treten. Es gibt insofern grundlegende Unterschiede zwischen direkter zwischenmenschlicher Information und Kommunikation und dem Computer-‹Dialog› in computergesteuerten Netzen . . .

Man kann auch sagen, die Computertechnik basiert auf bestimmten mechanistischen Organisationsmodellen der Wirklichkeit. Der angestrebte universelle Computereinsatz erfordert daher die gleichartige Organisation bisher unterschiedlicher Lebensbereiche nach diesen mechanistischen Organisationsmodellen. Dies war bisher bei keiner anderen Technik der Fall. Hinzu kommt, daß wir heute die durch den Computereinsatz bedingten Veränderungen von Information und Kommunikation noch überhaupt nicht erfassen und verstehen können. In den Begründungen für die Förderung der Informations- und Kommunikationstechniken wird von Informationen als Rohstoff oder Ware gesprochen. Dies ist jedoch insofern verkürzt, als Information und Kommunikation psycho-soziale Prozesse sind, mit denen wir unsere Umwelt und darüber auch uns selbst wahrnehmen und uns mit der Umwelt und mit uns selbst auseinandersetzen. Eine umfassendere Elektronisierung hätte daher tiefgreifende Folgen für die Persönlichkeitsentwicklung und die Entwicklung sozialer Beziehungen.

Diese Problematik wird derzeit jedoch kaum thematisiert. Entsprechende Fragen und Einwände werden als Technikfeindlichkeit diffamiert. Die Problematik und ihre derzeitige politische Behandlung weisen starke Parallelen zur Förderung der chemischen Industrie in den 60er Jahren und den dadurch erzeugten Umweltproblemen auf: So wie man damals von politischer Seite in erster Linie auf die Chancen für wirtschaftliches

Wachstum, Beschäftigung und neue Produkte verwiesen, aber einzelne Emissionen verharmlost und ökologische Zusammenhänge noch überhaupt nicht verstanden hat, so wie man sich damals um ein solches Verständnis auch kaum bemüht hat und dennoch massiv in ökologische Kreisläufe eingegriffen hat, so wird mit der Verkabelung und den elektronischen Endgeräten mit der Begründung der Wiedergewinnung von Wirtschaftswachstum massiv in Prozesse der Informationsverarbeitung und Kommunikation eingegriffen, ohne daß deren Bedeutung für die Persönlichkeitsentwicklung und die Entwicklung sozialer Strukturen verstanden wird. Hinzuzufügen ist, daß die heutigen ökologischen Probleme nicht nur durch die chemische Industrie erzeugt werden, sondern daß die Haushalte z. B. durch Waschmaschinen, Spülmaschinen und Heizungen mit dazu beitragen. Doch auch hier gilt die Parallele: Haushalte gehen, angesichts der äußeren Lebensbedingungen, auf Angebote zur Erhöhung der Bequemlichkeit und der Zeitersparnis ein, ohne die Folgen beurteilen zu können. Daher erscheint die Feststellung nicht übertrieben, daß wir uns mit dem Beschreiten dieses angeblichen Wachstumspfades nach der Umweltverschmutzung und dem Waldsterben nun auf eine ‹Innenweltverschmutzung› und ein ‹Kommunikationssterben› zubewegen, wenn diesen Risiken nicht frühzeitig begegnet wird.»[18]

Das von Kubicek prognostizierte «Kommunikationssterben» trifft den Kern des Problems. Denn wenn das ISDN erst einmal eingeführt ist, wird unter dem scharfen Druck des Wettbewerbs kein Unternehmer es sich leisten können, das System nicht – wie alle anderen Konkurrenten auch – zu hochgradiger Rationalisierung zu nutzen. Folglich wird der Konsument, wo er bisher noch auf Menschen trifft, die Auskunft geben, beraten, verkaufen, Aufträge annehmen, künftig immer häufiger auf Automaten stoßen. Die aber verstehen nur noch eindeutig definierte Zeichen und Formeln; auf Unschärfen reagieren sie mit Blockade, und so muß dem System zuliebe aus weiten Teilen der bisherigen Lebensäußerungen alles Individuelle verschwinden. Selbst dort, wo es von der Sache her unumgänglich ist, daß der Kunde auf jemanden trifft, mit dem er sprechen kann, muß dieser Jemand in Zukunft nicht unbedingt ein Mensch sein. Es könnte ebensogut ein Automat sein, der die gesprochenen Worte blitzschnell in PCM-Signale verwandelt, sie der Datenverarbeitung des eingebauten Computers zuführt und auf Grund der eingespeicherten Programme mit einem elektronisch erzeugten Sprechakt beantwortet. Es steht zu erwarten, daß er das mit einer solchen Perfektion vermag, daß der telefonierende Kunde, solange sich das Gespräch um rein geschäftliche Belange dreht, gar nichts merken wird. Erst wenn die Unterhaltung auf Bahnen gerät, für die kein Programm vorgesehen ist, könnte ihm durch die sinnlos werdenden Antworten aufgehen, wen er vor sich hat. Das ist keine Science Fiction, sondern liegt längst im Bereich des technisch Vorstellbaren. Die Forschungsabteilungen bedeutender Unternehmen arbeiten schon an der Entwicklung von Computern, die menschliche Sprache erkennen und verarbeiten können und somit «dialogfähig» werden.

Handelt es sich hier auch nur um einen Teilaspekt des gigantischen Projekts, zeigt er doch schon deutlich genug, wo die Gefahren liegen. Die Digitaltechnik zwingt allen Abläufen, auf die sie angewendet wird, ihre eigene Struktur auf. Soweit die Abläufe rein technischer Natur sind, folgt daraus für uns nichts Nachteiliges. Geht es aber um menschliche Interaktionen, so muß alles persönlich Gefärbte, Einmalige und Unverwechselbare aus ihnen eliminiert werden, damit sie maschinell erfaßbar werden. Die Totalität des Herrschaftsanspruches liegt im System, und so wird gerade das, was den Menschen von der Maschine unterscheidet, angegriffen und beseitigt. Was jemand durch das Telefon mit einem anderen Menschen bespricht, kann und darf nur als Datenaustausch behandelt werden, und da ist es im Prinzip gleichgültig, ob die Gesprächspartner Menschen sind oder Maschinen; was sich technisch zwischen ihnen abspielt, ist so oder so Maschinensache. Die Folge wird sein, daß in dem Maße, in dem die geplante Digitalisierung aller Lebensbereiche fortschreitet, der Mensch sich als Mensch immer weniger wird darleben können. Seine Individualität hat im Alltag nichts mehr zu suchen.

So kann, was *für* den Menschen geschaffen werden soll, ohne jede böse Absicht, allein aus der immanenten Sachlogik heraus, sich *gegen* den Menschen wenden, und leider stellt die Digitaltechnik neben all dem Nützlichen, was sie hervorbringt, auch ein ganzes Arsenal von Überwachungsinstrumenten bereit, mit denen jegliches Individuelle in quantisierter Form verfügbar gemacht werden kann. Das beginnt bereits damit, daß die Deutsche Bundespost bei digitalen Fernsprechvermittlungsstellen (wie die Öffentlichkeit 1987 anläßlich der Barschel-Affäre erfuhr) in Datenspeichern festhält, welcher Kunde wann mit welchem Teilnehmer wie lange gesprochen hat. Solche Aufzeichnungen werden in allen Bereichen des ISDN zwingend notwendig sein zum Zwecke der Abrechnung; denn ein nach allen Seiten hin offenes Kommunikationsnetz macht wirtschaftlich nur dann Sinn, wenn der Kunde für jede in Anspruch genommene Dienstleistung zahlt. Es wird daher technisch-organisatorisch begründbar sein, wenn in der Btx-Zentrale gespeichert wird, welche Buchungen, Bestellungen, Informationen usw. getätigt wurden, oder wenn im Breitband-Glasfasernetz minutiös festgehalten wird, welche Fernsehsendungen sich jemand zu Gemüte führte. Kubicek schreibt dazu:

«Dies alles ist bei computergesteuerter Nachrichtenvermittlung mit den geplanten Systemen technisch leicht und ökonomisch billig möglich. Für die angestrebte Kommerzialisierung von Information und Kommunikation ist eine solche Verdatung darüber hinaus ökonomisch notwendig. Die Folge wäre die permanente Kommunikationszählung.

Der Datenschutz kann dabei nur Verbote für die Nutzung solcher Daten aufstellen. Da es aber um eine auf 20 bis 30 Jahre angelegte technische Entwicklung geht, kann niemand heute die Nutzung all der angesammelten Daten bei veränderten politischen Verhältnissen ausschließen. Und niemand kann uns die gegenwärtigen Verhältnisse garantieren. Wenn die These von der Ausweitung der Arbeitslosigkeit stimmt, sind sogar Veränderungen wahrscheinlich, bei denen soziale Unruhen zum Vorwand für die Nutzung dieser Daten durch Sicherheitsorgane genommen werden.» (S. 31)

Aber nicht nur auf solche Daten werden die Sicherheitsorgane zurückgreifen können. Ihnen werden auch noch spezielle Fahndungsgeräte zu Gebote stehen, z. B. automatische Sprach-Erkennungsanlagen zur Telefonüberwachung, die beim Erklingen bestimmter Worte oder Wortkombinationen das Tonband einschalten und alles Nachfolgende mitschneiden; ferner Automaten, welche die individuelle Färbung einer menschlichen Stimme oder die speziellen Proportionen eines menschlichen Gesichtes in unverwechselbare Zahlensequenzen verwandeln und damit identifizierbar machen. Digitale Fingerabdruckerkennung gibt es schon. So wird alles, was den Menschen von seinen Mitmenschen unterscheidet, was physischer Ausdruck seiner einmaligen Persönlichkeit ist, zur Nummer gemacht, zur digitalen Kennziffer, mit der man ihn maschinell dingfest machen kann. Anlässe und Vorwände zum Einsatz derartiger Mittel wird es genügend geben, wenn die Mafia-Strukturen des organisierten Verbrechens weiter so an Boden gewinnen wie bisher oder wenn die Arbeitslosigkeit durch den immensen Rationalisierungseffekt des universalen Datenverbundes noch erheblich weiter ansteigt.

Den gewaltigen sozialen Unruhen, die im letzteren Falle zu erwarten sind, arbeitet die Freizeitindustrie auf ihre Weise schon wirkungsvoll entgegen, nicht zuletzt durch die Perfektionierung des elektronischen Musikmarktes, durch wachsende Programmvielfalt in Funk und Fernsehen, durch Computerspiele, durch die Entwicklung raffinierter Videogeräte mit direkter Einwirkungsmöglichkeit des Zuschauers in das Filmgeschehen, durch «Laserdrome» oder «Photon»-Sternenkämpferstudios für interplanetarische Kriegsführung mit Laserpistolen, Sphärenmusik und Computer-Punktberechnung[19] – alles auf der Grundlage digitaler Datenverarbeitung!

Damit schließt sich der Kreis: Dieselbe Technik, die den Menschen eben erst von automatenhaft-stumpfsinniger Arbeit entbunden hat, sorgt mit den «Neuen Medien» dafür, daß die freigesetzte Aktivität sogleich wieder absorbiert wird und keine Gelegenheit bleibt, die gewonnene Freiheit zu nutzen für kritische Besinnung oder gar für die Ausbildung derjenigen Fähigkeiten, die uns keine Maschine abnehmen kann, weil sie allein durch die menschlichen Kräfte einer Persönlichkeit zu erringen sind: die Fähigkeiten zur Gestaltung der Zukunft aus neuer Geist-Erkenntnis und realer übersinnlicher Welterfahrung. Wird der totale Automatenstaat geplant? Noch liegt es an uns, die Entwicklung zu steuern!

Was ist zu tun?

Wie finden wir aus all den bedrängenden Nöten einen gangbaren Weg, der weder in blindem Horror vor der modernen Technik endet noch in einem leichtfertigen Ignorieren der Gefahren? – Die in diesem Kapitel geschilderten Phänomene lehren uns, daß die gewaltige Invasion der neuen technischen Systeme nicht dem Zufall überlassen bleibt, sondern einem inneren Gesetz folgt: Sie kann nur dort zum Zuge kommen, wo wir selbst das Feld geräumt haben. Das geistige Vakuum, das wir in unserem Denken und Sprechen selbst geschaffen haben, indem wir uns mit der ganzen Fülle unseres persönlichen, menschlich warmen Erlebens daraus zurückgezogen haben, ist nun der Ort, in den Maschinen mit künstlicher Intelligenz hineindrängen, um uns mit unseren eigenen Waffen zu schlagen. Hohlräume in unserem Bewußtsein sind es, hier wie anderswo, die bestimmten Mächten Gelegenheit schaffen, uns entgegenzuwirken. Da hilft weder Flucht noch Ablehnung, sondern nur der Versuch, das Problem an der Wurzel anzugehen: an der mangelnden Ich-Präsenz im Denken, an der Bewußtseinsleere des Sprechens. Beide Mangelerscheinungen müssen nicht als unabänderliche Gegebenheiten hingenommen werden, sondern können durch systematische Schulung Schritt um Schritt überwunden werden.

Wie das Denken durch Meditation und Kontemplation zu einem Wahrnehmungsorgan für übersinnliche Erkenntnisse umgewandelt werden kann, wurde schon angedeutet. Dabei ist allerdings zu beachten, daß meditative Arbeit noch nicht eo ipso einen Fortschritt für die Menschheit bedeuten muß. Denn sie verlangt die Konzentrierung und Steigerung der innersten Seelenkräfte weit über das normale Maß hinaus, und wenn die so gewonnenen Kräfte dann in selbstsüchtiger Weise für den eigenen Nutzen oder für einen sublimen Machttrieb eingesetzt werden, erwächst den Mitmenschen daraus nichts Gutes. Heilsam ist eine geistige Schulung nur, wenn die energische Arbeit am eigenen Ich verwendet wird zum Dienste am anderen Menschen, an der Natur, an der Erneuerung von Kunst, Religion, Wissenschaft; andernfalls ist furchtbarer Mißbrauch zu erwarten. Entscheidend wird also nicht sein, ob jemand meditiert, sondern aus welcher Gesinnung heraus er meditiert. Steigert er seine Fähigkeiten, um dem Wirken göttlicher Mächte auf Erden Bahn zu brechen und höhere Wahrheit durch sich selbst zur Offenbarung zu bringen im Sinne des Paulus-Wortes: «Nicht ich, sondern der Christus in mir», dann wird er ein Helfer der Menschheit sein zu wahrhaft positiver Fortentwicklung.

Es kann sich nicht darum handeln, den modernen Intellekt, dessen menschliche Leere uns so gefährlich zu werden droht, zu meiden, ihn zu verdammen oder abzulegen. Wir werden ihn auch künftig zu gebrauchen haben; aber eine zutiefst christliche Gesinnung müssen wir uns als neue Fähigkeit hinzuerwerben und mit ihr alles Denken durchdringen. Rudolf Steiner, dessen Worte über das beginnende Bösewerden der Intelligenz eingangs zitiert wurden, hat in demselben Vortrag nachdrücklich darauf hingewiesen:

«Wir müssen unsere Intelligenz ausbilden, denn wir können ja nicht unintelligent werden; aber wir stehen, indem wir anstreben, unsere Intelligenz auszubilden, vor der Versuchung, dem Irrtum und dem Bösen zu verfallen. Wir können der Versuchung, dem Irrtum und dem Bösen zu verfallen, nur entgehen, wenn wir uns aneignen die Empfindung von dem, was das Mysterium von Golgatha in die Menschheitsentwicklung hineingebracht hat. Es ist schon so, daß der Mensch in dem Christus-Bewußtsein, in dem Vereinigtsein mit dem Christus findet die Möglichkeit, dem Bösen, dem Irrtum zu entrinnen . . .

Es wäre natürlich eine völlig falsche Spekulation, zu glauben, daß man etwa die Intelligenz unterdrücken soll. Die Intelligenz darf nicht unterdrückt werden, aber es gehört für den Einsichtigen in der Zukunft ein gewisser Mut dazu, der Intelligenz sich hinzugeben, weil die Intelligenz die Versuchung bringt zum Bösen und zum Irrtum, und weil wir in der Durchdringung der Intelligenz mit dem Christus-Prinzip finden müssen die Möglichkeit, diese Intelligenz umzuwandeln.» (S. 92 f.)

Die neue Gesinnung soll sich also nicht auf irgendwelche privaten Gefühlsregungen oder auf religiös-dogmatische Moralgrundsätze stützen, sondern auf eine Weltentatsache, die für alle Menschen im Erdendasein vorhanden ist und die jeder in sich selbst auffinden kann: die Anwesenheit des wiedererstandenen Christus. Sich mit ihm zu durchdringen heißt, das eigene Ich zum Menschheits-Ich zu erweitern und damit über sich selbst hinauszuwachsen.

Was zur Wiederbelebung der Sprache möglich ist, kann hier nur noch angedeutet werden. In dem kleinen Aufsatz «Sprache und Sprachgeist»[20] empfiehlt Rudolf Steiner den Pädagogen, in einer ersten Stufe sich die Bildhaftigkeit der Sprache neu zu erobern, um so in ein konkretes, herzhaftes Sprechen zu kommen, das durch seinen unhörbaren, bewußtseinserfüllten «Unter-Ton» den anderen Menschen seelisch erreicht. Ein zweiter Schritt wäre dann, sich die Lautgestalt der Sprache ins Erleben zu rufen: Die einzelnen Vokale und Konsonanten sind ja keineswegs belanglose Zeichenträger, sondern wirkende Kräfte, deren Einfluß auf das seelische Befinden genauso sicher nachzuweisen ist wie die Wirkung der Farben. Auf einer höheren Stufe esoterischer Schulung kann der Meditierende der Sprache gegenüber sich selbst so vollständig zurücknehmen, daß er sie nicht mehr als Medium benutzt, um seinen eigenen Seeleninhalt der Außenwelt mitzuteilen, sondern die Laute in ihrer eigenen Wesenheit erfährt: Da erweisen sie sich, wie Rudolf Steiner aus seiner okkulten Forschung detailliert dargelegt hat, als wesenhafte geistige Bildekräfte, deren übersinnliche Bewegungsgebärde durch den Kehlkopf und die anderen Sprechorgane in die äußere Luft hinein physisch gestaltet wird. Mit Hilfe von vorher eingeatmetem Rauch (z. B. aus einer Zigarette) kann man die Luftgestalt sogar sichtbar machen und photographisch festhalten[21], wobei sich einwandfrei erkennen läßt, daß jeder Laut seine eigene, unverwechselbare Raumplastik ausbildet, die sich bewegt und wandelt. Hält man die Lautbildekräfte jedoch vor dem Kehlkopf zurück und schickt sie statt in die Luft in die willentlich geführten Gliedmaßen, dann offenbaren sie sich als «sichtbare Sprache» und «sichtbarer Gesang»: die Eurythmie entsteht. In dieser neuen Bewegungskunst ergreift der Mensch mit seinem ganzen Wesen, mit Leib, Seele und Geist, die objektiv vorhandenen Weltenkräfte der Sprache, die ohne unser Zutun und Bewußtsein einst von göttlichen Mächten in uns hineingelegt wurden und die jetzt, mit fortschreitendem Sprachverfall, sich wieder lösen von ihrem Werk. Wir können sie uns zu eigen machen und uns mit ihnen durchdringen, um aus eigenem Willen und mit vollem Bewußtsein fortzusetzen, was bisher Götter taten.

Auch hier kommt alles darauf an, daß dies nicht selbstsüchtig zum eigenen Nutzen und Genuß geschieht, sondern in der rechten Selbstlosigkeit zur Heilung von Kranken, zur Erziehung von Kindern, zur Schaffung einer Herzenssprache von Mensch zu Mensch, zum Aufbau einer menschheitlichen Kultur aus wahrer Geisteswissenschaft. Jeder Schritt auf diesen Wegen schafft neue Tatsachen, die in der Welt mindestens so stark wirken wie ihre technischen Gegenbilder, und die Frage «Was kann ich schon tun?» wandelt sich zu der Erkenntnis: Nur ich kann etwas tun!

Wahrnehmen und Denken – Tore zur Welt.
Rudolf Steiners Wirken für den Kulturimpuls Mitteleuropas

Rudolf Steiner war noch ein junger, kaum bekannter Wiener Privatgelehrter, als er gegen Ende des Jahres 1887 in die Redaktion der in Wien und Berlin herausgegebenen «Deutschen Wochenschrift» eintrat und dort begann, als kritischer Beobachter seiner Zeit von Woche zu Woche die politischen Ereignisse im Reich zu kommentieren, aber auch manche grundsätzliche Betrachtung anzustellen, die zur Besinnung aufrufen wollte. Aus der Reihe der Artikel, deren Veröffentlichung er bereits nach einem halben Jahr einstellen mußte, ragt ein kleiner Aufsatz heraus, der, im Juni 1888 erschienen, weit über den Horizont des Tagesgeschehens hinausblickte. Er trägt den Titel *Die geistige Signatur der Gegenwart*. Beachtung fand er damals wenig, doch wurde er wegweisend für das kommende Lebenswerk Rudolf Steiners und verdient noch heute besondere Aufmerksamkeit.[22]

Rudolf Steiner blickt darin zunächst zurück auf eine «gewaltige Zeitströmung», die um 1800 herum die Geister ergriff «und kühn sich die denkbar höchsten Aufgaben stellte»: die Philosophie des Deutschen Idealismus, vertreten durch Fichte, Hegel, Schelling und andere, in deren Werk die deutschsprechende Gemeinschaft der Menschen Mitteleuropas sich anschickte, die eigene Aufgabe im großen Kreis der Völker zu ergreifen. Es wurde begonnen, eine Fähigkeit zu entwickeln, die so nur auf dem Boden der deutschen Sprache und Kultur herausgebildet werden konnte, nämlich ein die Wirklichkeit der Welt im vollsten Umfange ergreifendes *reines Denken*, das weder auf die Erfahrung der Sinne noch auf die Offenbarung göttlicher Mächte angewiesen ist, sondern aus sich selbst heraus in die tiefsten Weltgeheimnisse einzudringen vermag, «und man hatte die Überzeugung, daß das menschliche Denken jenes Aufschwunges fähig sei, der dazu notwendig ist». Diese Kraft zu entfalten hätte, so Rudolf Steiner, bedeutet, daß das deutsche Volk sein Selbst und damit seine eigentliche tiefere Bestimmung gefunden hätte; eine völkerverbindende, weltumspannende Geisteskultur, wie sie in den kosmopolitischen Bestrebungen der deutschen Klassik und Romantik angelegt war, mußte das Ziel sein.[23]

Die weitere Entwicklung des 19. Jahrhunderts, fährt Rudolf Steiner fort, sei dann ganz andere Wege gegangen; man sei der damals begonnenen Mission untreu geworden, ja, ein «Bruch mit dem Volksgeist» sei eingetreten. Denn inzwischen habe man jegliches Vertrauen in die eigenständige Kraft des Denkens verloren. Alle Welt sei stolz auf die *Wissenschaft*, aber das einzige Werkzeug ihrer Forschung sei die Beobachtung mit den Sinnen, sei die *Erfahrung*. Das Denken habe dabei eine untergeordnete, dienende Funktion. «Daß unser Denken, ohne am Gängelbande der Sinne zu hängen, rein auf sich selbst gestützt, tiefer in das Weltengetriebe blicken kann, als alle äußere Beobachtung es vermag, dafür hat man kein Verständnis. Man verzichtet überhaupt auf jegliche Lösung der großen Rätselfragen der Schöpfung.» Damit aber, so konstatiert Steiner, falle man ungewollt in eine längst überholt geglaubte Position zurück: «Die Abweisung alles Denkens und das Pochen auf die Erfahrung ist nämlich, tiefer erfaßt, ganz dasselbe wie der blinde Offenbarungsglaube der Religionen.» So wie man dort fertige Wahrheiten entgegennehme, ohne sie selbst erforschen und prüfen zu können, so liefere man sich hier dem Diktat der Sinneserfahrung aus, indem man jegliches Eindringen in die hinter den Erscheinungen tätigen Kräfte der Natur von vornherein für unmöglich erkläre. Das aber bedeute letztlich, dem Menschen die Würde der Selbstbestimmung zu nehmen und ihm jegliche innere Freiheit abzusprechen.

Diese Analyse der geistigen Situation, vor mehr als einem Jahrhundert erstellt, hat an Aktualität nichts verloren. Im Gegenteil: Immer mehr hat sich seitdem, gestützt auf Kant, in der Wissenschaft die Meinung festgesetzt, daß unser Denken prinzipiell nicht in der Lage sei, unmittelbar das Wesen der Dinge zu erfassen, weil wir gezwungen seien, die immanenten Strukturen unseres eigenen Verstandes stets in die Welt hinauszuprojizieren und unsere Gedanken wie ein ordnendes Rasternetz über die wahrgenommenen Tatsachen zu werfen, in der Hoffnung, auf diese Weise etwas von der Wirklichkeit der Welt zu erhaschen, ohne aber jemals tatsächlich in sie einzudringen. Es ist allgemeine Auffassung geworden, daß Denken darin bestehe, sich mehr oder weniger zutreffende Vorstellungen über eine Sache zurechtzuzimmern, Denkmodelle, die möglichst alle bekannten Erfahrungen, die an einer Sache zu machen sind, in einen verständlichen Zusammenhang bringen, selbst aber *keinerlei Wahrheit* im Sinne einer vollen Übereinstimmung mit der Wirklichkeit beanspruchen dürfen; denn es kann z. B. dem Physiker geschehen, daß neue Phänomene auftreten, die mit dem bisherigen Erklärungsmodell überhaupt nicht vereinbar sind, und wenn dann kein neues Modell gefunden werden kann, das alle Erscheinungen einheitlich erfaßt, gibt er sich damit zufrieden, die einen Phänomene mit dem einen Modell zu erklären, die anderen mit einem zweiten; beide Modelle dürfen nebeneinander existieren, ja sich sogar widersprechen, wie es bei der Korpuskulartheorie und der Wellentheorie des Lichtes der Fall ist, ohne daß man daran Anstoß nimmt. Das «Ding an sich», sagt man, werden wir mit unseren Gedanken sowieso nie erreichen; es genügt, wenn unsere Modelle die Erscheinungen verstehbar und berechenbar machen, und solange sich keine widersprechenden Tatsachen ergeben, gehen wir davon aus, daß sie richtig sind. Wahr können und sollen sie gar nicht sein.

Sicheren Boden unter den Füßen fühlt also der Wissenschaftler nicht in seinem Denken, sondern nur in dem, was ihm die Beobachtung sagt, in der Erfahrung. Durch sie muß sich das Denken immer wieder korrigieren lassen, an sie hat es sich anzupassen. Mithin dient es nur als Instrument, um mit der Sinneserfahrung zurechtzukommen. Allerdings hat die Wissenschaft dieses Instrument immer weiter verfeinert und mit bewundernswerter Präzision, mathematischer Exaktheit, höchster Klarheit ausgestattet. Streng formalisiert, wurde es befreit von allem Subjektiven; es kann sogar vom Subjekt vollständig abgelöst werden, indem man es an Automaten übergibt. «Künstliche Intelligenz» erobert die Welt, und wo bisher noch das Knowhow von Spezialisten nötig war, da speist man heute den Erfahrungsschatz und das komplette Fachwissen eines ganzen Spezialistenteams in Computer ein, die daraufhin als sogenannte Expertensysteme schneller, zuverlässiger und umfassender arbeiten als irgendein Mensch. So beginnt diese Intelligenz immer mehr unter den Menschen abzusinken ins Reich der leblosen Mechanik, wo es nach Belieben für Gut und Böse einsetzbar ist und unmenschliche Züge anzunehmen droht.

Das Dogma der Offenbarung – Wahrheit ohne Wissenschaft

Eine solche Auffassung vom Denken wäre für ältere Menschheitskulturen unmöglich gewesen. Da empfand man die wunderbare Weisheit, die überall in der Natur, im Kosmos, webt und wirkt, als sichtbar gewordene Göttergedanken, als höchste Intelligenz erhabener Wesen, die die ganze Welt durchzieht; und wenn der Mensch zu irgendeiner Geistesgabe gelangte, dann empfand man sie nicht als seine eigene Kraft und Leistung, sondern wie von außen eingeatmet. Nicht umsonst nennen wir bedeutende geistige Erfahrungen noch heute Inspiration (Einatmung). Alles wahre Wissen verdankten alte Zeiten der Inspiration gewisser führender Persönlichkeiten, die den Zugang zur Weisheit der Götter zu finden vermochten, doch niemals so, daß sie darüber willkürlich verfügen konnten, sondern stets als ein Geschenk in besonderen Momenten der Offenbarung. Hier tat sich Wahrheit auf, doch konnte sie nicht nachgeprüft, nicht selbst gefunden werden; es gab nur die Möglichkeit des Glaubens und der verehrungsvollen Hingabe an das Offenbarte.

Diese Empfindungsart haben sich die orientalischen Hochkulturen lange bewahrt; vor allem in Indien ist sie bis in die Neuzeit hinein lebendig geblieben. Der moderne Gebildete wird sie im Abendland für längst überwunden halten. Aber ist sie es wirklich? Es sind nicht nur die Religionen, in denen sie unverändert fortlebt als Dogma der Offenbarung. Auch in Menschen, die mit Religion und Kirche wenig oder gar nichts im Sinne haben, kommt sie neuerdings wieder zum Vorschein: Eine Geistesströmung, die ihre Herkunft aus alten indischen Traditionen nicht verleugnen kann, selbst wenn sie auf dem Umweg über Amerika zu uns gelangt, veranlaßt immer mehr suchende Seelen, sich Gurus zuzuwenden, von denen sie Offenbarungen der geistigen Welten erhoffen und erhalten, oder sich an Menschen mit medialen Fähigkeiten anzuschließen, die ihnen unmittelbaren Zugang versprechen zu verborgenen Welten, ja zu Gottes Wort persönlich. Als ein Gegenschlag zu der wachsenden Entmenschlichung westlicher, naturwissenschaftlich-analytischer Intelligenz ist das sehr verständlich; die Sehnsucht nach lebenserfüllter, weisheitsvoller Erkenntnis der Wahrheit wächst.

Die Aufgabe der Mitte: Wahrheit und Wissenschaft

Beide aber, sowohl die untermenschlich werdende Intelligenz des Westens als auch die übermenschliche Offenbarungsweisheit des Ostens, machen den Menschen unfrei: Offenbarungen haben etwas Zwingendes. Sie schenken Wahrheit, erlauben aber nicht, sie aus eigener Erfahrung und aus eigenem Denken zu finden; sie verlangen blinde Hinnahme, bloßen Glauben. Wissenschaft ist hier unmöglich. – Aber auch die westliche Wissenschaft läßt den Menschen nicht frei, sondern unterwirft ihn dem Dogma der Erfahrung durch die Sinne. Sie erlaubt eigenes Denken und eigenes Beobachten, verwehrt uns aber eine Wesenserkenntnis, die hinter die Fassade der Erscheinungen dringt, und damit den Zugang zur Wahrheit. So finden wir:

Im Westen	*Im Osten*
Dogma der Erfahrung	Dogma der Offenbarung
Wissenschaft	Wahrheit
Untermenschliche Intelligenz	Übermenschliche Intelligenz

Rudolf Steiner sah es als die besondere Aufgabe der Mitte an, eine im höchsten Sinne *menschliche Intelligenz* zu entwickeln, die weder übermenschlich noch untermenschlich ist, eine Wissenschaft, die nicht auf «Wahrheit» im alten, umfassenden Sinne verzichten muß und dennoch nichts von ihrer Exaktheit verliert. Rudolf Steiners Lebenswerk war dieser Aufgabe gewidmet. Man braucht «Menschliche Intelligenz» nur ins Griechische zu übersetzen, und man erhält die Bezeichnung, die er seiner Arbeit selbst gegeben hat: *Anthroposophie.* Sie will Wissenschaft und Wahrheit zueinanderführen, will Erfahrung und Offenbarung miteinander vereinen und den Menschen damit in die volle Freiheit seines innersten Wesens versetzen. Den Grundstein dazu legte 1892 seine Dissertation, der er den Titel gab: *Wahrheit und Wissenschaft. Vorspiel einer Philosophie der Freiheit.*

Der Weg in die Welt der Sinne –

Goethes anschauende Urteilskraft

Wie verwirklichte Rudolf Steiner nun dieses kühne, manchem wohl unmöglich erscheinende Vorhaben? Er ging es auf zwei Wegen an, die beide auf ihre Weise zum Ziel führen, komplementär einander ergänzend. Der eine von beiden führt in die äußere, sinnlich erfahrbare Welt und nimmt seinen Ausgangspunkt von der Frage: Wie kann unser Denken befähigt werden, nicht nur blasse Schattenrisse zu entwerfen, die ziemlich weit entfernt sind von der farbigen, lebensvollen, komplexen Realität der Sinneswelt, die sie abzubilden versuchen? Wie können wir die Wirklichkeit in ihrer ganzen Vielfalt und Unmittelbarkeit mit dem Denken so ergreifen, daß wir nicht mehr spekulieren müssen über etwas, was wir doch nie wissen können, sondern realen Weltinhalt hereinbekommen? – Die Frage ist durchaus nicht nur von akademischem Interesse, sondern von höchst praktischer Bedeutung. Denn unser heutiges Denken, mag es sich auch noch so geschliffen und praxisorientiert geben, erweist sich oft genug als sehr unpraktisch: Wieviel Kluges wird nicht erdacht, dessen Ausführung uns diesen und jenen Fortschritt bringen soll, und die Wirklichkeit sieht dann ganz anders aus! Wieviele kostspielige Projekte optimistischer Politiker und Wissenschaftler werden nicht nur zum Fehlschlag, sondern in ihren Folgeerscheinungen sogar verderblich, weil das vorher Gedachte so wenig zusammenstimmt mit den tatsächlichen Gegebenheiten! Das Weltgeschehen würde eine ganz andere Wendung nehmen, wenn es uns gelänge, ein wahrhaft praktisches Denken auszubilden.

Wie das geschehen kann, hat Rudolf Steiner in dem Vortrag *Praktische Ausbildung des Denkens,* den er zum Druck selbst überarbeitete, konkret erläutert. Wer dieses anregende, leicht zu lesende Schriftchen studiert, wird schon nach wenigen Seiten überrascht feststellen, daß Steiner ganz anders vorgeht als erwartet: Anstelle von Denkübungen findet man ausführliche Anweisungen zu Wahrnehmungsübungen. Das neue, praktische Denken wird paradoxerweise gelernt durch bewußten Denkverzicht, indem man die sinnliche Wahrnehmung systematisch schult und immer weiter steigert, sich selbst aber verbietet, über das Wahrgenommene spekulierend nachzudenken. Man soll, so fordert der Autor, beispielsweise das Wettergeschehen in regelmäßiger Übung immer genauer und genauer wahrzunehmen versuchen, sich jedoch jedes prognostizierenden Gedankens konsequent enthalten und statt dessen das Geschehen innig auf sich wirken lassen. Dann kann die Intelligenz, die in den Dingen verborgen liegt, die geheime Gesetzmäßigkeit der Natur, anfangen, auf uns zu wirken, die Welt selbst wird sich in mir aussprechen, und wir werden uns daran gewöhnen, nicht immer aus dem eiligen Verstandesurteil heraus etwas Fertiges über die Dinge aussagen zu wollen, sondern in der Fragehaltung zu leben: Was sagen mir die Dinge, wenn ich mich vollständig zurücknehme und intensiv auf das lausche, was mir entgegenkommt?

Es ist klar, daß man auf diese Weise nicht sehr schnell zu Ergebnissen kommt. Man muß warten können, muß es aushalten, vielleicht Jahre und Jahre etwas nicht zu wissen, was man gerne wissen würde, muß ertragen, Antworten niemals erzwingen zu können, wird aber dafür den inneren Kräften der Natur immer näher kommen, wird seine Lebenshaltung verwandeln, wird eine Wissenschaft betreiben, in der die menschlichen Fähigkeiten der Hingabe, der Ehrfurcht, der Ahnung und des tiefsten Weltinteresses nicht als störende «Subjektivität» beiseitegeschoben werden müssen, sondern im Gegenteil benötigt werden als erkenntnisfördernde Kräfte, als Brücken zur Wahrheit. Das Problem der radikalen Trennung von Wissenschaft und Moral, an dem unsere Gegenwart so leidet – hier wird es gelöst, ohne unwissenschaftlich zu werden.

Daß damit nicht ein unerreichbar hehres Ideal gezeichnet ist, sondern etwas, das tatsächlich praktiziert werden kann, erweist sich am Lebenswerk Goethes, der in dieser Hinsicht schon ein Meister war und nicht zu Unrecht die Bedeutung seiner natur-

wissenschaftlichen Forschungsmethode weitaus höher veran-
schlagte als alles, was er gedichtet hat – den Faust nicht ausge-
nommen. Er bezeichnete seine Fähigkeit selbst als «anschauende
Urteilskraft», und was er damit schon als junger Mensch er-
reichte, ist z. B. in seiner Autobiographie «Dichtung und Wahrheit» nachzulesen, wo er in Buch IX schildert, wie er die Fassade
des unvollendeten Straßburger Münsters immer wieder neu be-
trachtete, zeichnete, durchdachte, erforschte, künstlerisch
durchdrang und sich zu eigen machte, so daß er das Werk wie
sein eigenes hätte vollenden können. Die Sache hatte ein Nach-
spiel, das in Buch XI berichtet wird:

«‹Es ist schade›, sagte jemand, ‹daß das Ganze nicht fertig
geworden und daß wir nur den einen Turm haben.› Ich versetzte
dagegen: ‹Es ist mir ebenso leid, diesen einen Turm nicht ganz
ausgeführt zu sehn; denn die vier Schnecken setzen viel zu
stumpf ab, es hätten darauf noch vier leichte Turmspitzen gesollt
sowie eine höhere auf die Mitte, wo das plumpe Kreuz steht.›

Als ich diese Behauptung mit gewöhnlicher Lebhaftigkeit aus-
sprach, redete mich ein kleiner muntrer Mann an und fragte:
‹Wer hat Ihnen das gesagt?› – ‹Der Turm selbst›, versetzte ich.
‹Ich habe ihn so lange und aufmerksam betrachtet und ihm so
viel Neigung erwiesen, daß er sich zuletzt entschloß, mir dieses
offenbare Geheimnis zu gestehn.› – ‹Er hat Sie nicht mit Un-
wahrheit berichtet›, versetzte jener; ‹ich kann es am besten wissen, denn ich bin der Schaffner, der über die Baulichkeiten
gesetzt ist. Wir haben in unserem Archiv noch die Originalrisse,
welche dasselbe besagen und die ich Ihnen zeigen kann.›»

Nicht anders erging es Goethe bei der Prognose des Wetters,
wie die Erinnerungen zahlreicher Gäste belegen, und seine be-
deutendsten naturwissenschaftlichen Entdeckungen verdankte
Goethe ausschließlich dieser innigen Liebe zur Wahrnehmung,
die ihm das «offenbare Geheimnis» der Natur eröffnete. Als
Rudolf Steiner 1882 berufen wurde, erstmalig die naturwissenschaftlichen Schriften Goethes in einer Gesamtausgabe zu edie-
ren, fügte er dem Werk eine erkenntnistheoretische Begründung

der Arbeitsweise Goethes hinzu und sicherte damit die neue Methode vor dem modernen naturwissenschaftlichen Bewußtsein der Gegenwart auch in philosophisch-gedanklicher Art *(Grundlinien einer Erkenntnistheorie der Goetheschen Weltanschauung, 1886).*

Halten wir fest: Dieser erste (später auch goetheanistisch genannte) Weg führt das Denken, das sich auf die sinnlich-materielle Welt richten möchte, zu einer gesteigerten Kraft der Wahrnehmung, so daß die Welt in den Betrachter einfließen kann und ihn mit Weltgedanken erfüllt.

Der Weg in die Welt des Geistes

Der zweite Weg, den Rudolf Steiner über Goethe hinaus entwickelte und in seinem Buch *Die Philosophie der Freiheit* Schritt um Schritt zur Darstellung bringt, wendet sich der inneren, geistig erfahrbaren Welt zu und nimmt seinen Ausgangspunkt von der Frage: Wie kann das Denken davon befreit werden, immer nur aus sich selbst heraus schattenhafte Gewebe auszusinnen, die zwar beanspruchen, etwas auszusagen über die Wirkenskräfte, die in Natur und Kosmos walten, selbst aber keinerlei Wirksamkeit und Realität besitzen, sondern lediglich hindeuten können auf etwas, was sie selbst nicht sind, vergleichbar dem ausgedroschenen Stroh, dessen leere Hülsen auf das deuten, was ihnen fehlt? Wie können wir es erreichen, daß in unseren Gedanken die Realität des Geistes unmittelbar anwesend ist?

Jeder kann durch Selbstbeobachtung erfahren, daß wir nicht denken können ohne Inhalte. Denken, so scheint es, besteht aus der Aneinanderreihung von Gedanken, von denen jeder einzelne etwas ganz Bestimmtes zum Gegenstand hat. Steiner regt nun an, die Aufmerksamkeit nicht auf die Inhalte zu richten, sondern auf den Vorgang: Man versuche einmal, das Denken bei seiner eigenen Tätigkeit zu beobachten; also nicht über das Denken zu denken (was ja heißen würde, inhaltliche Aussagen zu machen, die selbst bereits Ergebnisse eines Denkvorganges sind), sondern den Prozeß des Denkens als solchen wahrzunehmen.

Es zeigt sich, daß Denken von Natur aus nicht anders kann, als blitzschnell in das unterzutauchen, was es sich zum Gegenstand nimmt. Zwar müssen wir es selbst in Gang setzen, aber kaum daß es tätig wird, entzieht es sich unserer Beobachtung, weil in unser Bewußtsein immer nur die Gedanken treten, die es hervorbringt. So wenig, wie unsere Augen, wenn sie auf der Leinwand einen Kinofilm betrachten, zur selben Zeit den Motor beobachten können, der die Filmrolle treibt, ebensowenig können wir beim Bilden eines Gedankens neben dessen Inhalt zugleich unsere Bildetätigkeit wahrnehmen, denn immer sind wir ganz und gar bei dem, was wir denken, und wissen in diesem Augenblick nicht, daß wir denken; erst nachträglich wird es uns am Ergebnis bewußt. Selbst wenn wir das Denken denken, verhält es sich nicht anders.

Wir müssen folglich streng unterscheiden zwischen den Produkten des Denkens und der produzierenden Kraft als solcher. Wie die Eisschollen auf einem Strom sehen wir die Gedanken an die Oberfläche treten als etwas schon Gewordenes, Fertiges, Festumrissenes, als erstarrtes Wasser, das aus dem weichen, fließenden Element sich absondert, herauskristallisiert, den Strom bedeckend und verhüllend, dem es sein Dasein verdankt. Der Strom ist nur Strom, solange er fließt, strömt, tätig ist – oder er existiert nicht. So ist auch das Denken reine Dynamik, Wille, Tätigkeit, Bewegung durch und durch, die ständig schaffend wirkt, niemals sich selbst zur Erscheinung bringend, sondern stets die Welt, und damit von gleicher Art wie die schöpferischen Wirkenskräfte der Natur, deren Wesen nicht darin besteht, selbst etwas zu sein, sondern unentwegt etwas aus sich herauszusetzen, das dann als Geschaffenes sichtbar wird.

Wem diese «seelischen Beobachtungsresultate nach naturwissenschaftlicher Methode» (wie Rudolf Steiner es im Untertitel seines Werkes formuliert) prüfend zur Gewißheit geworden sind, der darf sich sagen: Hier gewinne ich Freiheit. Denn die Realität des schaffenden Geistes, die ich erkennen möchte, finde ich, ohne daß sich etwas Unbekanntes, Undurchschaubares trennend dazwischenschiebt, in mir selbst als Teil meines eigenen Wesens; Subjekt und Objekt der Erkenntnis werden eins, Erfahrung und Offenbarung schließen sich zusammen.

Daraufhin wird sich das Gedankenleben auch inhaltlich grundlegend verwandeln: Wer ein Bewußtsein hat von der strömenden, dynamischen Natur des Denkens, wird sich bemühen, bewegliche und flüssige Begriffe zu entwickeln, lebensvolle Gedanken, Ideen, die erweiterbar, entwicklungsfähig sind und dadurch immer mehr sich mit Substanz der Welt anreichern. Er wird die Realität des Geistes weder verleugnen noch phrasenhaft beschwören – er wird sie ganz einfach praktizieren in seinem denkerischen Tun. Eine spirituelle Weltauffassung ist dann nicht mehr Glaubenssache, sondern stützt sich auf exakte Beobachtung und kann somit zu einer Geistes-*Wissenschaft* im wahrsten Sinne werden.

Welt und Ich in Kommunion

So führt die Liebe zur reinen *Wahrnehmung* zu einem wirklichkeitsgesättigten *Denken* der Sinneswelt außer mir, die Liebe zum reinen *Denken* zu einer realen *Wahrnehmung* der Geisteswelt in mir. Beide Wege schließen sich zum Kreise. Denn die Geisteswelt, die sich meinem Denken eröffnet, ist dieselbe, die auch in den Dingen draußen wirksam ist, nur daß ich sie dort von außen erlebe in der sinnlichen Offenbarung ihrer Werke, während ich sie im Denken gewissermaßen von innen her in ihrer eigentlichen Wesenheit kennenlerne, indem ich sie als schöpferisch tätige Kraft in mir selbst zum Leben erwecke. Menschenintelligenz und Götterintelligenz fließen ineinander.

Welche wundersame Kraft in uns ist es aber, die es vermag,

beides in sich selbst und durch sich selbst miteinander zu verbinden, das Innen und das Außen, das Eigensein und die Welt, Erfahrung und Offenbarung? Es ist dasjenige Glied unseres Menschenwesens, das seine ganze Energie darein setzt, sich selbst auszulöschen, um restlos unterzutauchen in die Welt der Sinne, vollständig einzuwerden mit der Welt des Geistes, eine Kraft, die nie sich selbst erleben will, sondern immer ganz sich hingibt an das Andere, in der Liebe zum Denken, in der Liebe zur Wahrnehmung, und dabei doch nie sich selbst verliert, nie im Anderen untergeht, immer wieder zu sich selbst zurückfindet – die Kraft des *Ich*. Seine Gebärde ist stets: weg von sich selbst, hin zu den Dingen; während das uns allen bewußte Ego, welches wir gewöhnlich für unsere Persönlichkeit halten, die umgekehrte Gebärde zeigt: die Umgebung immer auf sich beziehen, sich im Mittelpunkt fühlen, etwas Eigenes sein durch Abgrenzung, sein Selbst dadurch erleben, daß man das nicht ist, was die Welt ist. Das Ich vermag alles in sich einfließen zu lassen, wird zum Gefäß und Mittler, und je stärker das Ich, desto rückhaltloser auch die Kraft der Selbstlosigkeit, die das Erleben ausweitet auf die ganze Welt, auf die ganze Natur, auf die ganze Menschheit.

Sei es Zufall oder nicht, wir dürfen es als ein tief bedeutsames Zeichen nehmen, daß wir diese unsere innerste Kraft mit einem Wort bezeichnen, in welchem zugleich der Name desjenigen Wesens anklingt, das als höchstes, göttliches ICH auf Erden wandelte und die ganze Welt, die ganze Menschheit in sich liebend aufnahm, sich für sie opferte und aus dem Tode auferstand: Jesus Christus, Erdenmensch und Gottessohn. Seine Kraft beginnt in uns zu wirken, wenn wir uns liebevoll der Erdenwelt zuwenden, sie mit allen Sinnen in uns eindringen lassen und geduldig lauschen, was sie uns zu sagen hat, und andererseits uns in das Himmelslicht des Denkens vertiefen, um es «aus enger Selbstheit Innenmacht» auferstehen zu lassen, «geweitet zu dem Weltensein» (R. Steiner).

Verchristlichung des Denkens, Verchristlichung des Wahrnehmens – so könnte man in aller Bescheidenheit das nennen, was

Rudolf Steiner intendierte. Wie ernst und konsequent er sie bis in die Praxis hinein zu verwirklichen suchte, beweist unter anderem seine Schrift *Die Rätsel der Philosophie,* in der er die Gedankengebäude aller wichtigen Philosophen von der Antike bis zum Beginn des 20. Jahrhunderts vor uns hinstellt, in der Art, daß er in das Denken und Fühlen jeder einzelnen Persönlichkeit vollkommen hineinschlüpft und so tief in das Zentrum ihrer Intentionen eindringt, daß der Kenner der Materie sich des Eindrucks nicht erwehren kann: Würde der geschilderte Philosoph noch leben und könnte die Zusammenfassung lesen, er müßte sagen: «Ich könnte mich nicht trefflicher referieren; eigentlich hat dieser Steiner mich besser verstanden als ich mich selbst.» Und das nicht nur bei diesem oder jenem, sondern bei allen, die besprochen werden! Keine neue Philosophie ist es, die Rudolf Steiner neben oder gegen andere schon vorhandene hinstellen will, sondern er lehrt uns die Kunst, sich in alle Standpunkte liebevoll hineinzudenken, jeden in seiner Art zu würdigen, das Berechtigte seines Ansatzes anzuerkennen, und doch nie bei einem stehenzubleiben, vielmehr sie alle miteinander in ein übergreifendes Bewußtsein zu erheben, welches jedes Eigensein in seiner engen Begrenztheit bejaht und dennoch alle weiterführt zu einer menschheitsverbindenden, weltumspannenden Geisterfahrung, an der jeder einzelne um so mehr Anteil hat, je mehr er sich selbst verwirklicht. Ich und Welt, Menschengeist und Gottesgeist zur Kommunion zu bringen – das ist nicht eine quantitative Vermehrung der bestehenden Weltanschauungen, sondern ein qualitativer Sprung, so, wie ja auch das Christentum, wenn es sich recht versteht, nicht eine Religion neben vielen anderen sein will, sondern eine Steigerung aller vorhandenen Religionen ins Allgemein-Menschheitliche.

Es gehört zu den Entwicklungsschritten jedes Heranwachsenden, daß er beim Übergange von der Kindheit zur Jugend in sich selbst die Kräfte des Intellekts entdeckt, die ihn befähigen, aus der kindlich-traumhaften Einheit von Welt und Mensch sich auszusondern und ein Eigenwesen auszubilden, das sich gegen die Welt behaupten kann, das im wachen eigenen Urteil sich abzugrenzen weiß und so «der engen Selbstheit Innenmacht» entfaltet. Was da in der 5. Klasse deutlich wahrnehmbar beginnt, ist selbstverständlich ein notwendiger Prozeß, der nicht verhindert werden kann und darf. Doch wie das Einatmen das Ausatmen nach sich ziehen muß, wenn der Leib nicht ersticken soll, muß zur rechten Gesundheit der Seele und des Geistes auch der andere Prozeß gepflegt werden, der in den zwei Wegen zur Welt der Sinne und zur Welt des Geistes geschildert wurde als ein Ausweiten der Wahrnehmung und als Vertiefung des Denkens. Dieses Ziel vor Augen, sprechen die Lehrer in der Waldorfschule ab der 5. Klasse zu Beginn des Tages mit den Kindern und Jugendlichen bis zum Ende der Schulzeit den von Rudolf Steiner verfaßten

Morgenspruch

Ich schaue in die Welt,
In der die Sonne leuchtet,
In der die Sterne funkeln;
In der die Steine lagern,
Die Pflanzen lebend wachsen,
Die Tiere fühlend leben,
In der der Mensch beseelt
dem Geiste Wohnung gibt;

Ich schaue in die Seele,
Die mir im Innern lebet.
Der Gottesgeist, er webt
Im Sonn'- und Seelenlicht,
Im Weltenraum, da draußen,
In Seelentiefen, drinnen. –

Zu Dir, o Gottesgeist,
Will ich bittend mich wenden,
Daß Kraft und Segen mir
Zum Lernen und zur Arbeit
In meinem Innern wachse.

Bewußtseinsverengung und Naturzerstörung

Im vorangegangenen Kapitel wurden zwei Übungswege skizziert, die Rudolf Steiner bis in den erkenntnistheoretischen Ansatz hinein methodisch sicherte und immer weiter ausarbeitete, um eine wahrhaft «Menschliche Intelligenz» (Anthroposophie) zu inaugurieren, die nicht verzichtet auf die Bedingungen echter *Wissenschaft* und dennoch in den Bereich höherer *Wahrheit* vorzudringen vermag, so daß die angeblich unüberbrückbare Kluft zwischen menschlicher *Erfahrung* und göttlicher *Offenbarung,* die ihren Ausdruck findet in der unheilvollen Spaltung von Wissenschaft und Moral, sich zu schließen beginnt. Der eine dieser Wege führt durch die Pforten der Sinne zu neuer, tieferer Erfahrung der Außenwelt, indem der Beobachter sich bemüht, durch ständige Vertiefung und willentliche Durchdringung seiner Wahrnehmung immer mehr und mehr von der Wirklichkeit in sich aufzunehmen, gleichzeitig aber sich zwingt, nichts aus dem eigenen Spekulieren, Deuten und Beurteilen hineinzumischen, sondern in größtmöglicher Treue zur reinen Wahrnehmung sich innerlich ganz offen zu halten für das unsichtbare Wirken derjenigen Intelligenz, die in der Welt draußen schaffend wirkt und webt, bis es gelingt, die gesteigerten Sinnesbilder so zu verdichten, daß die Natur ihr «offenbares Geheimnis» selbst auszusprechen beginnt. Der zweite Weg führt nach innen, beginnend mit einer Selbstbeobachtung des Denkens. Wenn man die Befangenheit in schattenhaft leeren Gedanken, deren Bezug zur Wirklichkeit stets ungewiß bleibt, durchstößt und jenseits aller Inhalte die Tätigkeit als solche ins Auge faßt, erweist sich das Denken, obwohl von uns selbst hervorgebracht, als eine objektive, schöpferisch tätige Weltenkraft von der gleichen Dynamik wie die schöpferischen Mächte, die draußen in der Natur walten, so daß die Realität des Geistes hier zu einer unmittelbaren, Subjekt und Objekt der Erkenntnis vereinenden Erfahrung wird, auf die sich exakte übersinnliche Forschung gründen läßt.

Beide Wege eröffnen dem heutigen Bewußtsein Wirklichkeitssphären, die ihm seit Kant als verschlossen galten; beide verlangen aber auch eine langwierige, harte Schulung, die Gewähr dafür bietet, daß Kritikfähigkeit und Urteilskraft, Bewußtseinshelligkeit und denkerische Klarheit nicht herabgedämpft oder gar aufgegeben, sondern festgehalten und zu höheren Graden weitergebildet werden. Die geistige Autonomie des Individuums zu wahren war Steiners höchstes Anliegen, weil in die Zukunft hinein nur dann vollmenschlich gewirkt werden kann, wenn wir die Lösung der Probleme nicht von außen erwarten, sondern in uns selbst die Kräfte entbinden, die zur Rettung der Natur, zur Heilung der Kultur, zur Fortentwicklung der Erde nötig sind.

Aus alledem geht hervor, welch fundamentale Bedeutung Rudolf Steiner der Aufgabe beimaß, unsere Wahrnehmung einerseits systematisch auszuweiten auf Bereiche, die jenseits des bisherigen Erfahrungshorizontes liegen, und andererseits ihre Intensität unablässig zu steigern. Diese Forderung, seinerzeit noch als dünkelhafte Mystik beiseitegeschoben, erweist sich heute als unausweichliche Zeitnotwendigkeit. Immer vernehmlicher äußern sich Wissenschaftler und Ökologen, wie dringend es sei, eine qualitative Veränderung unserer Weltbetrachtung und eine neue Gesinnung im Umgang mit der Natur herbeizuführen, und längst schon herrscht Konsens darüber, daß die Zukunft der Erde davon abhängt, ob es uns gelingt, unser Bewußtsein und Interesse auf die ganze Welt, auf die ganze Natur und die ganze Menschheit auszudehnen und die Eindringlichkeit unserer Beobachtung Stufe um Stufe zu erhöhen.

So leicht es indessen ist, sich darüber mit allen verantwortlich Denkenden zu verständigen, so schwer fällt doch die Verwirklichung. Denn die gegenwärtige Zivilisation steuert in die entgegengesetzte Richtung, indem sie alles begünstigt, was zu einer fortlaufenden Schwächung und Einengung der Wahrnehmungsfähigkeit beiträgt statt zu deren Erweiterung und Intensivierung. Die Gründe dafür sind mannigfaltig und kaum erschöpfend zu behandeln. Nur einige der wichtigsten sollen in den folgenden Abschnitten betrachtet werden.

Horizontverengung in Potenz

1982 brachte der amerikanische Astrophysiker Philip Morrison einen Bildband heraus mit dem Titel «Powers of Ten»,[24] in der deutschen Ausgabe «ZEHN HOCH». Darin werden auf 42 Tafeln die Dimensionen des Universums von den fernsten Galaxien bis zu den kleinsten derzeit bekannten Bausteinen der Materie durchschritten, beginnend mit einer konstruierten Darstellung, was ein Betrachter sehen würde, wenn er aus 10^{25} Metern oder rund 1 Milliarde Lichtjahren Entfernung auf die Erde blicken würde: In dem weithin leeren, schwarzen Weltraum leuchten hier und da winzige Lichtpünktchen, von denen jedes einzelne einen ganzen Galaxienhaufen darstellt. Eine Ansammlung in der Mitte hat der Herausgeber mit einem kleinen blauen Quadrat umrahmt, und dieser Ausschnitt wird auf der nächsten Tafel zehnfach vergrößert wiedergegeben; wiederum ist in der Mitte ein Ausschnitt markiert, der auf der dritten Tafel zehnfach vergrößert erscheint. Jetzt sieht man, als helle Flecken über das Bild verteilt, einzelne Galaxien. Eine davon läßt auf der nächsten Tafel bereits Spiralform erkennen; wir sind etwa 1 Million Lichtjahre von der Erde entfernt. Die weiteren Ausschnitte aus der spiralförmigen Galaxie zeigen dann immer dichtere Sternnebel, bis schließlich bei 10^{16} Meter Abstand die Sonne ins Visier gerät, bei 10^{14} Meter das Planetensystem mit der Erde, bei 10^8 Meter die Erdkugel, aus der ein Ausschnitt von Nordamerika genommen wird. Und nun konzentriert sich der Blick mit jeder weiteren Annäherung immer mehr auf einen bestimmten Punkt in Chicago, wo in einem Park ein Ehepaar auf der Wiese liegt und sich sonnt. Die Aufnahme aus $10^0 = 1$ Meter Entfernung zeigt nur noch den Mann, dessen Hand dann herausgegriffen und vergrößert wird, ab 10^{-3} Meter durch ein Mikroskop, das mit zunehmender Vergrößerung durch die Falten und Poren der Haut zu einem Blutkörperchen vordringt und in dessen Innerem zum Zellkern, zu den Molekülen, zur DNA-Doppelhelix, zu den Atomen, zum Atomkern, zu Protonen und Neutronen, und schließlich bei 10^{-16} Meter zu den Quarks. (Ab 10^{-10} Meter sind es wieder konstruierte Bilder.)

Unterstützt von den Begleittexten führt die Bilderfolge in einer Art Chronik dem Betrachter vor Augen, wie die moderne Naturwissenschaft durch die konsequente Verfolgung einer einzigen Methode unsere Wahrnehmung immer tiefer und tiefer hineingeführt hat in die feinsten Feinheiten der sichtbaren Welt. Man erlebt, daß der Forscher der Neuzeit sich nicht mehr mit dem zufriedengibt, was ihm das bloße Auge von der Natur und ihren Wundern vorstellt; er will immer genauer die Einzelheiten erkennen, will wissen, wie sie zusammengesetzt sind, und löst deshalb aus der naturgegebenen Gesamtheit ein Segment heraus, rückt es mit Hilfe geeigneter Instrumente näher an sein Auge heran, mustert es gründlich, greift dann wieder ein Teilstück heraus, das er nochmals vergrößert, um es ebenso sorgfältig zu studieren wie die vorherigen, und so immer fort. Mit jeder Steigerung der Sehschärfe werden neue, großartige Tatsachen sichtbar, die der Menschheit bisher verborgen waren, doch auf der anderen Seite verengt sich das ohnehin schon eingeschränkte Blickfeld des Naturbetrachters jedesmal um eine weitere Potenz; und der Verengung des Blicks folgt die des Bewußtseins.

Mit Hilfe der analytischen Methode hoffte man schon bald, die letzten, unteilbaren Bausteine der Materie gefunden zu haben. Aber sie erwiesen sich mit fortschreitender Technik noch lange nicht als die kleinsten Elemente, und so ging der Prozeß der Zerlegung stetig weiter und ist bis heute nicht zu einem Ende gelangt. Inzwischen ist es in allen Wissenschaftsbereichen selbstverständlich geworden, analytisch vorzugehen, indem man aus dem gegebenen Tatsachenkomplex Teilbereiche aussondert und jeden davon zu einem eigenen, riesigen Beobachtungsfeld ausweitet, in welchem es dann so viel zu erforschen gibt, daß ein neuer Wissenschaftszweig entsteht. Und indem man aus ihm wieder einzelne Gebiete herausgreift und bearbeitet, wächst die Summe aller Detailkenntnisse von Stufe zu Stufe ins Unermeßliche an. Infolgedessen ist die Entwicklung der Wissenschaften seit Galilei geprägt von einer Explosion des Wissens: Konnten enzyklopädisch gebildete Persönlichkeiten, wie z. B. Leibniz, im 17./ 18. Jahrhundert praktisch das gesamte Wissen ihrer Zeit noch als einzelne Person überblicken, so war das hundert Jahre später nicht mehr möglich, weil alle Disziplinen der Wissenschaft die Spezialisierung vorantrieben, sich immer weiter verästelten und voneinander entfernten, so daß heute selbst die Spezialisten ein und derselben Fachrichtung Mühe haben, die Forschungsarbeit eines Kollegen noch zu verstehen.

Die ökologische Katastrophe – ein Wahrnehmungsproblem

Es liegt im Wesen neuzeitlicher Naturwissenschaft begründet, daß sie nicht allein den Erkenntnisdrang befriedigen und das Wissen vermehren will; sie zielt auch auf die Beherrschbarkeit der Natur, auf die Unterwerfung der Naturkräfte unter den menschlichen Willen. Von Anfang an verschwisterte sich darum moderne Grundlagenforschung mit der praktischen Nutzanwendung in Technik und Industrie, und beide zusammen ermöglichten die Industrielle Revolution, durch die alle Lebensverhältnisse auf der Erde umgestaltet wurden wie nie zuvor. So konnte die in der Wissenschaft erprobte Methode der Zerlegung und Spezialisierung übergreifen auf andere Bereiche. Vor allem in den Prozessen des Wirtschaftslebens erwies sie sich für die Steigerung der Produktivität als so effizient, daß sie zur alles beherrschenden Denkweise wurde: Keine Rationalisierung, keine Automatisierung ohne analytisches Verfahren! Und da Technik und Wirtschaft unser Leben maßgeblich bestimmen, konnte es nicht ausbleiben, daß die systematisch erübte Fokussierung der Wahrnehmung allmählich in die Gewohnheit überging. Die fortschreitende Verengung des Bewußtseinsfeldes wurde habituell.

Wie tief sie sich der heutigen Zivilisation als Verhaltensmuster eingeprägt hat, wird uns heute schmerzlich bewußt, wenn wir mit wachsender Beklemmung verfolgen, welche katastrophalen Schädigungen die Natur täglich und stündlich erleiden muß, ohne daß die Öffentlichkeit in einem Aufschrei der Empörung dagegen einschreitet. Selbst der bewundernswerte Einsatz zahlreicher Umweltschützer und das vorbildliche Engagement vieler Bürgerinitiativen können nicht darüber hinwegtäuschen, daß ein viel zu großer Teil der Menschheit die langfristigen Bedrohungen unseres Lebens auf der Erde nicht ernst nimmt. Zu sehr hat sich der einzelne schon daran gewöhnt, sein Blickfeld einzuschränken auf den kleinen Teilbereich des Lebens, der ihn hautnah angeht. Dort beobachtet er mit äußerster Schärfe und reagiert sensibel. Was außerhalb liegt, das kümmert ihn nicht.

Die Ignoranz des Spezialisten, der auf seinem Fachgebiet Weltmeister ist, sonst aber von der Welt nichts weiß, bildet die Kehrseite dessen, was wir an der analytischen Methode als Vorzug bewundern. Mit jedem Ausschnitt, den wir aus dem Ausschnitt eines Ausschnitts heraussondern, um ausschließlich ihm unser forschendes Interesse zuzuwenden, blenden wir große und immer größere Bereiche aus, verdrängen wir die ganze übrige Wirklichkeit, bis schließlich die Welt in ihrer umfassenden Einheit, in der «alles sich zum Ganzen webt, eins in dem andern wirkt und lebt», unserem Bewußtsein entsinkt. Und in dieser Welt, der wir unser Interesse entzogen haben, können dann die ungeheuerlichsten Umweltfrevel begangen werden, ohne daß wir sie als etwas erleben, was uns betrifft.

Das beginnt schon bei alltäglichen Kleinigkeiten. Jeder kennt den Autofahrer, der während der Fahrt kurz das Fenster öffnet, einen brennenden Zigarettenstummel, ein Schokoladenpapier oder eine Bananenschale hinauswirft, das Fenster wieder schließt und weiterfährt mit dem behaglichen Gefühl, in einem sauberen Auto zu sitzen. Vielleicht ist er im Spätherbst 1986 gerade unterwegs zu einer großen Demonstration gegen eine Chemie-Firma am Oberrhein und bemerkt nicht, daß die Firma im Prinzip nichts anderes tut als er selbst: Wenn bei der Produktion Stoffe anfallen, für die sie keine Verwendung hat und die sie deshalb als störenden Schmutz ansehen muß, dann öffnet sie kurz das Abflußrohr zum Rhein, läßt den Dreck heraus, schließt den Schieber wieder und preist die «saubere Chemie» in ihrer Fabrik.

Ähnlich verfuhr man lange Zeit bei der Emission von Schmutz- und Giftstoffen aus den Fabrikschornsteinen in industriellen Ballungsgebieten wie etwa dem Ruhrgebiet: Um die Luftqualität im Umkreis der Fabriken zu verbessern, zog man die Schlote so hoch hinauf, daß die Partikel von Windströmungen in höheren Luftschichten erfaßt und davongetragen wurden. Statt in der unmittelbaren Nachbarschaft niederzukommen, regneten sie dann viele hundert oder tausend Kilometer weiter weg herunter, z. B. in Skandinavien. Erst durch den gesetzlichen Zwang zum Einbau von Filtern konnte dieses Sankt-Florians-Prinzip unterbunden werden. Auf anderen Gebieten freilich wird es fraglos und in großem Stile fortgeführt: Noch immer dürfen Lastkraftwagen gewaltige Schadstoffmengen ungereinigt in die Luft entlassen, noch immer dürfen DDT und andere Gifte, die im eigenen Lande längst verboten sind, in ferne Entwicklungsländer verkauft werden, noch immer werden Weichsel, Oder, Rhein und Elbe mit unvorstellbaren Giftmassen beladen, als ob das Entsorgungsproblem gelöst sei, wenn Nord- und Ostsee speichern, was für uns selbst tödlich wäre!

Zwar wird es mittlerweile politisch für opportun gehalten, auf der «grünen Welle» zu reiten und sich der Öffentlichkeit möglichst umweltbewußt zu präsentieren. Wie wenig sich aber im großen und ganzen die wirtschaftliche Denkweise heute vom Manchestertum früherer Zeiten unterscheidet, belegt die Tatsache, daß eine international führende Institution wie die Weltbank noch im Jahre 1992 ungestraft die Meinung vertreten durfte, es sei gerecht, den gesamten Giftmüll der wohlhabenden Länder den Entwicklungsländern aufzubürden, und die sogenannten «schmutzigen Industrien» ebenso. Die Begründungen, die der Stellvertreter des Weltbank-Präsidenten dafür gab, sind lesenswert:

«Giftmüll in Dritte Welt exportieren»

Rio de Janeiro (AFP) – Der Weltbank-Abteilungsleiter für Wirtschaftspolitik, Lawrence Summers, hat sich in einem internen Vermerk für Giftmüllexporte der Industriestaaten in die Dritte Welt ausgesprochen. In einem Memorandum, das am Montag der brasilianischen Tageszeitung Jornal do Brasil in Rio de Janeiro zugänglich gemacht worden ist, befürwortet Summers die Verlegung der «schmutzigen Industrien» in die Entwicklungsländer . . .

Nach Ansicht von Summers sind die direkten und indirekten Kosten der Umweltverschmutzung in den Industrieländern höher als in den Entwicklungsländern. Werde dies berücksichtigt, müßten «schmutzige Industrien» in den Staaten angesiedelt werden, wo beispielsweise die Arbeitskosten am niedrigsten seien. Unter diesem Gesichtspunkt spreche auch die wirtschaftliche Logik für einen Giftmüllexport in die Entwicklungsländer, hieß es weiter. Wenn beispielsweise eine Substanz Prostata-Krebs auslösen würde, sei die Besorgnis in Staaten natürlich viel größer, in denen die Überlebenschancen höher seien als in Ländern, wo die Kindersterblichkeit bei 200 Kindern pro 1000 Neugeborenen liege.

Es sei ausgesprochen «traurig», schrieb der stellvertretende Weltbank-Präsident, daß einige «schmutzige Industrien» nicht in die Entwicklungsländer «transferiert» werden könnten. So müsse es in den Industriestaaten weiterhin Stromerzeuger geben, und für manche Giftmüllexporte seien die Transportkosten einfach zu hoch.

Einige afrikanische Staaten seien im Verhältnis zu ihrer Bevölkerung «zu wenig verschmutzt», hieß es in der Studie. Dies müsse die Weltbank in ihrer zukünftigen Politik berücksichtigen.[25]

Fortschritte in der Bekämpfung der Umweltverschmutzung hängen wesentlich davon ab, ob sich die Öffentlichkeit entschließt, scheinbar fernab liegende Mißstände aktiv in ihr Bewußtsein aufzunehmen. Tritt das einmal ein, ergibt sich plötzlich eine Fülle erschreckender Tatsachen, die man jetzt erst sieht, weil man bereit ist, sie zu sehen. Besonders kraß zeigte sich das nach dem Brand in einer Lagerhalle der Baseler Chemiefirma Sandoz Anfang November 1986, bei dem Gift im Löschwasser nahezu die gesamte Fauna des Oberrheins vernichtete. In Bonn war anschließend zu hören, daß in den sechs Jahren seit dem Inkrafttreten der bundesdeutschen Störfallverordnung ganze 14 Störfälle gemeldet worden waren, bei denen Gift in den Rhein floß. Nach dem Brand bei Sandoz jedoch wurden 12 schwerste Störfälle innerhalb von nur 2 Wochen bekannt, so daß selbst der Bonner Umweltminister Wallmann zugeben mußte: «Angesichts der jetzigen Häufung von Unfällen erscheint es mir nicht sehr wahrscheinlich, daß es (1980–1986) lediglich diese 14 Unfälle gegeben hat.»[26]

Rechenfehler des Egoismus

So erfreulich eine solche Schärfung des Blicks auch ist, weil sie ein Problembewußtsein schafft, so hinterläßt sie doch die bange Frage: Müssen immer erst Katastrophen uns sehend machen für das, was wir längst hätten sehen können? Warum ist die Bereitschaft, das Problem schon im Kleinen anzugehen, bevor es sich zur Katastrophe ausgewachsen hat, so gering?

Jahrzehntelang wurde die Tatsache der zunehmenden Vernichtung und Vergiftung unserer natürlichen Lebensgrundlagen systematisch verdrängt. Verantwortungsbewußte Bürger, die die Politiker aufforderten, Maßnahmen dagegen zu ergreifen, wurden regelmäßig mit dem Hinweis auf die «ökonomischen Zwänge» abgespeist: Wer solche Maßnahmen fordere, der bürde den Wirtschaftsunternehmen Lasten auf, die sie unmöglich tragen könnten, ohne ihre internationale Konkurrenzfähigkeit zu verlieren, Tausende von Arbeitsplätzen stünden auf dem Spiel, Deutschland würde seine Attraktivität als Wirtschaftsstandort verlieren, und was dergleichen Argumente sonst noch waren. Gewiß, Maßnahmen zur Sanierung verseuchter Böden und Flüsse, zur Reinhaltung der Luft und zur Vermeidung künftiger Umweltbelastungen kosten viel Geld, das ist nicht zu bestreiten. Das Argument aber, man könne das jetzt nicht bezahlen, ohne wirtschaftlich zugrunde zu gehen, ist eine bewußte Verdrehung des wirklichen Sachverhalts: Wir werden zugrunde gehen, wenn wir nicht zahlen! Die Ausgaben, die wir jetzt scheuen, kommen unausweichlich auf uns zu, nur daß sie bald ins Gigantische wachsen, wenn wir noch länger warten. Wir haben nicht die Wahl zwischen Zahlen und Nichtzahlen, sondern nur zwischen hohen oder astronomisch hohen Kosten – es sei denn, wir wollen es auf einen globalen Selbstmord der Menschheit ankommen lassen.

Man sollte also meinen, allein schon das finanzielle Interesse müßte gebieten, sich der notwendigen Aufgaben so früh wie möglich anzunehmen, solange sie noch bewältigbar sind. Statt dessen wird weitergewurstelt, als ob nichts zu befürchten sei. Und wieder zeigt sich, wie stark die Einengung des Bewußtseinshorizontes unser Verhalten prägt: Selbst der vielgerühmte ökonomische Sachverstand, der sich auf seine Nüchternheit und seinen Weitblick etwas zugute hält, sträubt sich, über die Gegenwart hinauszublicken und die künftigen Kosten gegen die jetzigen aufzurechnen. Allein der augenblickliche Gewinn zählt, und allenfalls noch der der nächsten fünf oder zehn Jahre. Daß dadurch die Katastrophe nur um so sicherer kommt, kümmert ihn nicht. Die Beschränktheit des Blicks verbindet sich hier mit dem Egoismus zu einer gefährlichen Zukunftsblindheit und Lebensverachtung.

Freilich geht es nicht an, dieses Verhalten allein den Wirtschaftsunternehmern und Politikern anzulasten. Viele, die gegen solche Kurzsichtigkeit protestieren und sich selbst als überzeugte Verfechter der Ökologie einschätzen, verhalten sich im Alltag nicht anders. Ein Beispiel dafür bietet die folgende Zeitungsnotiz:

Müllabfuhr läßt aus Protest Abfall an Autobahnen liegen

Köln (AP) – Vier Wochen lang werden die Straßenwärter des Landschaftsverbandes Rheinland an acht Autobahnteilstrecken und Rastplätzen keinen achtlos weggeworfenen Abfall mehr aufsammeln. Der Verband teilte in Köln mit, mit dieser Aktion wolle er drastisch vor Augen führen, wieviel Müll an den Autobahnen einfach weggeworfen werde. Jährlich sammele allein der Landschaftsverband an den von ihm betreuten 1130 Kilometern Autobahn 60 000 Kubikmeter Abfall, genug für 3000 Lastwagen. Der größte Teil der Kosten von rund fünf Millionen Mark jährlich entstehe jedoch nicht durch das Entleeren der 2175 Mülltonnen, sondern durch jenen Abfall, der von Hand aufgesammelt werden müsse, weil er einfach in die Landschaft geworfen worden sei.[27]

Der irrige Glaube, das eigene bißchen Müll könne doch gar nicht ins Gewicht fallen, addiert sich, millionenfach praktiziert, zu Tausenden von Tonnen, die mit hohen Kosten beseitigt werden müssen. Daß diese Kosten auf dem Umweg über die Steuern oder Abgaben auf jeden einzelnen zurückfallen, die vermeintlich «kostenlose» Entsorgung also durchaus etwas kostet, ja sogar weit mehr als bei ordnungsgemäßer Benutzung der Mülltonne, darüber besteht kein Bewußtsein. Und mit welch geringem Aufwand für den einzelnen ließe sich das alles vermeiden!

Nach uns die Sintflut

Wenn die Natur durch menschliche Leichtfertigkeit abzusterben beginnt, dann sollte der Schluß, den man daraus zu ziehen hat, doch selbstverständlich der sein, daß alles daran gesetzt werden muß, sie zu retten. Indessen gibt es heute Wissenschaftler, Politiker und Unternehmer, die einen ganz anderen Schluß ziehen: Sie sehen ihre Aufgabe darin, durch modernste Technik der Menschheit das Überleben zu sichern, wenn die Erde einmal unbewohnbar sein wird. Sie tun also nichts, die globale Zerstörung zu verhindern, sondern setzen sie als gegeben voraus und planen für die Zeit danach. Aus dumpfer Nichtbeachtung der geschundenen Natur wird bewußte Mißachtung.

Das kühnste und aufsehenerregendste Unternehmen dieser Art begann 1987 in der Wüste von Arizona, wo der amerikanische Multimillionär Edward P. Bass durch Architekten, Landschaftsgestalter, Umwelt- und Weltraumforscher, Botaniker, Zoologen, Bakteriologen, Biochemiker, Ozeanographen und andere Fachleute ein riesiges Glashaus errichten ließ, in welchem – hermetisch abgeriegelt von der Umgebung – das natürliche Biosystem der Erde künstlich nachgeahmt werden soll, mit allem, was dazugehört: Gewässern, Pflanzen, Tieren und Menschen, mit Nahrungs- und Stoffwechselketten, die sich durch Recycling selbst ergänzen, mit Luftzirkulation und Wasserhaushalt, mit Sonnenenergie und tropischem Regenwald, Regen und Wind. *Biosphäre II* nennt der Erfinder das 30-Millionen-Dollar-Projekt. Auch eine Firma «Space Biosphere Ventures» ist schon gegründet, die das Resultat global vermarkten will.[28] Die Technologie isolierter Lebenserhaltungssysteme, von Russen und Amerikanern in der Raumfahrt seit langem praktiziert, soll hier zu einer regelrechten Simulation des Ökosystems Erde ausgebaut werden, die es ermöglicht, auf benachbarten Gestirnen, etwa auf dem Mond oder auf dem Mars, künstliche Lebensräume einzurichten, in denen Menschen auf Dauer wohnen können. Acht Testpersonen, vier Frauen und vier Männer, haben sich am 26. September 1991 für die Dauer von zwei Jahren in das Glashaus einschließen lassen, und wenn – von außen nur mit Sonne und Informationen versorgt – das Experiment gelingt, hat die Menschheit sich eine Arche Noah geschaffen, die es ihr erlaubt, jeglicher Katastrophe gelassen entgegenzusehen.[29]

Wie zu erwarten, interessierte sich die amerikanische Weltraumbehörde NASA für das Projekt, denn es könnten sich ja ganz neue Perspektiven daraus ergeben für den Weltraumtourismus und eine Zweitwohnung im All. Aber selbst, wenn es vorerst nicht gelingen sollte, die erforderlichen Materialmassen auf den Mond oder den Mars zu schaffen, sieht der Geschäftsführer der neuen Firma für seine Produkte gute Absatzchancen: In einem 240-Seiten-Katalog empfiehlt er die «Refugia» wärmstens als Zufluchtsstätten für kommende atomare Auseinandersetzungen auf Erden, zum *Schutz höherer Formen des Lebens gegen den nuklearen Winter, bis die Himmel wieder aufklaren.* Es ist also gar nicht so schlimm, wenn Mutter Erde, die Biosphäre I, vernichtet wird; man hat ja für alle Fälle seine «Biosphäre II». Mag die Sintflut kommen![30]

Ob man den phantastischen Plan für realisierbar hält oder nicht – entscheidend ist nicht der Erfolg, sondern die Gesinnung, die sich darin manifestiert. Bedenkt man es recht, schreitet hier die Weltanschauung des Materialismus zur letzten Konsequenz: Ein Kosmos, der nicht durch göttliche Schöpfung, sondern rein mechanisch aus einem Ur-Knall entstanden ist, erweckt nicht gerade unsere Ehrfurcht, und eine Welt, die letztlich, wie man hört, nur aus sinnlos umeinanderrasenden Atomen besteht, verdient nicht unser tiefstes menschliches Interesse. Da kramt man lieber aus seinen Jugenderinnerungen Robinson Crusoe hervor und rettet sich auf eine einsame Insel, auf der man kunstvoll neue Vivarien auferbaut, die ihr Dasein von Anfang bis Ende nur uns selbst verdanken. Sie wenigstens nötigen uns Respekt und Bewunderung ab, und wenn schon sonst nichts Verehrungswürdiges in der Welt zu finden ist, kann man dort sich selbst anbeten.

Die Abstumpfung der Sinne
und ihre Folgen für den Menschen

Aus den geschilderten Phänomenen spricht eine geradezu autistische Verengung des Bewußtseins. Jeder engagierte Umweltschützer kennt sie als die eigentliche Feindin seiner Arbeit, gegen die nur schwer etwas auszurichten ist, weil sie tief in der Gewohnheit sitzt. Nun hat allerdings – und das könnte wie ein Widerspruch erscheinen – dieselbe Zivilisation, die mit der analytischen Fokussierung des Blicks das Bewußtsein punktartig zusammenzog, zugleich eine mächtige Gegentendenz entwickelt in Richtung auf ein allgemeines Weltbürgertum, indem sie die jahrhundertealte Enge des bäuerlich-seßhaften Lebens auf dem Lande immer mehr sprengte und den Blick der Menschen auf die Angelegenheiten der ganzen Welt zu ziehen begann, so daß sich die Frage aufdrängt: Hat sich insgesamt unser Bewußtsein dank Technik und Naturwissenschaft nicht sogar erheblich ausgeweitet statt verengt? – In der Tat, was die letzten ein- bis zweihundert Jahre zur Vergrößerung unseres Gesichtskreises beigetragen haben, ist in der Geschichte ohne Beispiel: Länder und Meere wurden bis in den letzten Winkel erforscht und zugänglich gemacht, Astronomie und Raumfahrt drangen in die Tiefen des Weltraumes vor, Handel und Verkehrswesen sind weltumspannend geworden, Waren zirkulieren um den ganzen Erdball, Menschen reisen in kürzester Zeit zu fernsten Zielen, und selbst wenn man seinen Wohnort nicht verläßt, kann man durch Fotos, Bilder, Bücher und Filme die Welt zu sich ins Zimmer holen, kann mit Hilfe von Telefon, Zeitung, Radio und Fernsehen mühelos mitverfolgen, was nah und fern geschieht – kurz, es gibt so gut wie nichts auf der Welt, was dem modernen

Menschen verschlossen bleiben müßte. Aber auch so gut wie nichts, was ihm gleichgültig bleiben dürfte; denn heute sind Völker und Länder, Politik und Wirtschaft weltweit so miteinander verknüpft, daß jedes Ereignis, und sei es noch so entfernt, Auswirkungen auf uns selber haben kann. Gerade die brennendsten Probleme der Gegenwart sind nur noch international lösbar.

Wir sind also nicht nur in der Lage, sondern sogar dazu aufgerufen, ein erdumfassendes, menschheitlich-globales Bewußtsein zu entwickeln. Das Material dazu liegt bereit: Wer sein Erfahrungsfeld ausdehnen will, dem sind keine Grenzen gesetzt, denn die Zahl der möglichen Wahrnehmungsgebiete und -gegenstände hat sich unendlich vermehrt. Die *Intensität* des Wahrnehmens jedoch, die früher hinreichend stark war, um den relativ kleinen Lebensraum vollkommen zu durchdringen, ist noch nicht genügend gewachsen, um mit der Expansion des Erfahrungshorizontes Schritt zu halten. Wie der Duft einer Blume in einem winzigen Raum durchdringend stark sein kann, bei ungehinderter Ausdehnung aber sich zunehmend verdünnt und schließlich ganz verflüchtigt, so sind wir vorläufig nur in unserem Lebensmittelpunkt fähig, die Helligkeit und Wachheit des Bewußtseins in voller Stärke aufrechtzuerhalten, während wir den Umkreis viel dumpfer erleben.

Anders wäre es, wenn wir uns bemühen würden, die konstant gebliebene Wahrnehmungskraft mit bewußter Willensanstrengung und stetiger Übung zu immer höheren Graden zu steigern, wie die Zeit es von uns fordert. Aber dazu ringen sich nur wenige durch. In der Regel geben wir uns mit der vorhandenen Fähigkeit zufrieden, und statt von innen her aus eigener Initiative erlebend in die Welt einzudringen, lassen wir die notwendige Erweiterung von außen her auf uns zukommen als eine bloß quantitative Steigerung des Wahrnehmungsangebotes, was zur Folge hat, daß wir nur einem winzigen Teil der neuen Erfahrungen und Eindrücke gerecht werden und im übrigen hinnehmen müssen, daß fortwährend Tatsachen in unser Bewußtsein treten, mit denen wir uns nicht verbinden. Eben diese Realitäten, von denen wir kaum Notiz nehmen, weil wir sie nicht bewältigen, wenden sich gegen uns, indem sie uns überwältigen. Sie betäuben uns mit ihrer unabsehbaren Fülle und schwächen so unser Wahrnehmungsvermögen statt es zu stärken.

Wirklichkeit, die nicht mehr wirkt

Niemand überschaut mehr die Flut von Informationen, die täglich heranbrandet, und selbst in Teilbereichen gelingt es nicht, alle Meldungen auch nur zur Kenntnis zu nehmen, geschweige denn zu verarbeiten. Wer ernstlich versuchen wollte, beim Lesen der Tageszeitungen jeden Kriegstoten, jedes Katastrophenopfer, jede Schreckensmeldung menschlich so zu würdigen, als sei er selbst betroffen, der wäre hoffnungslos überfordert. So gewöhnt man sich an Oberflächlichkeit, ja Gleichgültigkeit gegenüber der Welt. Auf der anderen Seite lechzt man nach Sensationen, die das triste Einerlei durchbrechen, und bemerkt nicht, wie abhängig man sich dadurch macht von den Stimmungen der öffentlichen Meinung, die sich nur allzuleicht durch Sensationen von anderen, viel wichtigeren Vorgängen ablenken läßt. Was zunächst wie eine Erweiterung des Gesichtskreises erscheint, macht den, der in Passivität verharrt, in Wahrheit nur empfänglich für die heimliche Steuerung seines Denkens und Fühlens von außen, macht ihn zur Masse.

Die Verflachung und Betäubung des Bewußtseins durch die nicht aktiv ergriffene Flut von Informationen ist indes nur eine Seite des Problems. Eine andere, noch gewichtigere ergibt sich aus der permanenten Übersättigung mit Sinnesreizen, zu der uns die moderne Technik drängt. Wenn man bedenkt, daß es in Europa noch zu Beginn des 20. Jahrhunderts Millionen Bauern gab, die in ihrem ganzen Leben nicht über ihr angestammtes Dorf hinauskamen, höchstens einmal eine Reise in die nächstgelegene Stadt unternahmen und sonst nichts von der Welt aus eigener Anschauung kannten, dann ermißt man erst, welch eine Reizüberflutung unsere Augen heute trifft, angefangen von der unfaßbaren Fülle visueller Eindrücke, die wir uns auf ausgedehnten Reisen, Expeditionen, Freizeitunternehmungen oder in Theatern, Museen und Ausstellungen verschaffen, über die allgegenwärtige Werbung bis hin zu der Bilderschwemme, die das Fernsehen ins Wohnzimmer liefert, ergänzt durch Videofilme, Kinoangebote, Illustrierte, Fotos, Bildbände, Comics usw. Man darf wohl sagen, daß die Menschheit noch nie so viel von der Welt hat sehen können, sei es mittelbar oder unmittelbar. Elektronische Bildübermittlung rund um die Erde via Kabel, Funk und Satellit ist eine Selbstverständlichkeit geworden, und demnächst tritt das Videotelefon für den privaten Gebrauch noch hinzu. Sogar Telebilder von unseren Nachbarplaneten, Satellitenfotos für den Wetterbericht oder Tiefseeaufnahmen von gesunkenen Schiffen sind keine Besonderheit mehr.

Aber indem wir immer mehr sehen, sehen wir immer weniger: Die Bilder kommen und gehen in so ungeheurer Fülle und Geschwindigkeit, daß ein Eindruck den anderen erschlägt, keines kann in Ruhe seine Wirkung entfalten, und so huschen sie mehr oder weniger nichtssagend an uns vorbei. Eine schöne Landschaft, in der wir zu Fuß in wochenlanger Reise reichste Sinneserlebnisse haben würden, durchrasen wir in wenigen Stunden und fühlen uns hinterher wie ausgelaugt, weil wir im Grunde nichts gesehen haben, jedenfalls nichts, was uns eine wertvolle und bleibende Erinnerung sein könnte. Selbst wenn wir die Fahrt öfter unterbrechen, um Sehenswertes anzuschauen, nehmen wir uns kaum je die Zeit, die Schönheit der Welt mit den Augen zu trinken, sie in tiefen Zügen aufzusaugen und vielleicht durch eine Zeichnung oder gar ein selbstgemaltes Bild in uns zu befestigen. Das überläßt man lieber dem Fotoapparat oder der Videokamera und eilt weiter zur nächsten Attraktion.

Wir wollen uns sättigen an Wirk-lichkeit. Doch die erhoffte Wirk-samkeit auf unser Gemüt bleibt aus. Je länger, desto mehr verlieren die Sinnesbilder ihren farbigen Glanz, werden grau und bedeutungslos. Es spricht sich in ihnen nichts mehr aus, was unser Fühlen und unsere Anteilnahme erregen könnte. Und wer überhaupt nur noch Straßenschluchten und Hochhäuser, Asphalt und Beton vor sich sieht, dem muß die Welt vollends öde und leer vorkommen. Mitten in der Masse der Menschen, mitten in der Flut der Eindrücke fühlt er sich seelisch wie vertrocknet, geistig isoliert. So paradox es klingt: Die Vereinsamung wird zum Massenproblem.

Erlebnissucht bis an den Rand des Todes

Je weiter die Abstumpfung voranschreitet, desto mehr empfindet der Wahrnehmende die Wahrheit des Satzes «Der Mensch lebt nicht vom Brot allein»: Auch Seele und Geist wollen ernährt sein; sie brauchen den Austausch mit der Welt so notwendig wie der Körper den Atem, und wenn sie aus der Sinneserfahrung keinerlei Anregung und Erfrischung mehr gewinnen können, dann droht das innere Leben zu ersticken, der Mensch kann nicht mehr Mensch sein. Dagegen aber wehrt sich das gesunde Lebensgefühl, und wie in einem Gegenschlag bricht mit elementarer Gewalt das Verlangen hervor, möglichst überwältigende Eindrücke zu haben, starke Impressionen, die unter die Haut gehen und das verglimmende Seelenfeuer zu neuer Glut entfachen. Die Pseudo-Erlebnisse, mit denen uns die Medien in ihr Netz ziehen, werden als fade Instant-Ernährung erkannt, man möchte ihnen entfliehen und stürzt sich nun in jede Art von «echtem» Erlebnis, das sich anbietet, seien es Autorennen oder Flugtage, Erlebnisferien oder Abenteuerexpeditionen, Olympiaden, Sportfeste, Showereignisse, endlose Reisen in aller Herren Länder oder einfach Zaungast zu sein bei einem schweren Unglück, bei einer Naturkatastrophe.

Gewiß kann man darin harmlose Vergnügungen sehen, die das

Publikum schon immer erfreuten. Doch liegt ein Problem darin, daß die Menschen ihre berechtigte Sehnsucht nach eindringlicher Sinneserfahrung nicht dadurch befriedigen, daß sie aus eigener Aktivität ihre Erlebnisfähigkeit verfeinern und sich mit gesteigerter Aufmerksamkeit der Welt zuwenden, sondern ihre gewohnte Konsumentenhaltung beibehalten und erwarten, daß die Welt sich anstrengt, mehr zu bieten als bisher, indem sie den Sinneskitzel steigert. Die Steigerung wird geboten – aber zu einer wirklichen Sättigung des Erlebnishungers führt sie nicht, denn die innere Leere, der man entfliehen wollte, stellt sich mangels eigener Aktivität sogleich wieder ein und wird jetzt nur noch stärker erlebt. Unbefriedigt taumelt man weiter zum nächsten Spektakel und ist eigentlich immer auf der Suche nach einer Erfüllung, die man nicht findet. Mit jeder Sensation, die man genossen hat, erwacht die Begierde von neuem und heftiger als zuvor, so daß schließlich nichts mehr genügt und immer stärkere Reize herhalten müssen. Die Suche wird zur Sucht.

Die zerstörerische Kraft, die in diesem tragischen Vorgang wirksam ist, wird in jüngster Zeit immer mehr offenbar. Denn viele, vor allem junge Menschen meinen, das ganz große Erlebnis nur noch dadurch finden zu können, daß sie sich hart an die Schwelle des Todes begeben oder sogar bewußt ihr Leben aufs Spiel setzen. Der 16. Kongreß der Internationalen Gesellschaft für Suizidverhütung IASP in Hamburg im September 1991 stellte sich zu Recht die Frage, warum die Bereitschaft zum Extremsport und zu hochriskanten Verhaltensweisen in unserer Gesellschaft derartig zunimmt. Die Antwort eines Referenten lautete, unsere Situation sei, verschärft durch die allgegenwärtigen, vor allem visuellen Medien, «ein Leben aus Erlebnis-Konserven»; die Menschen suchten heute «weniger nach Antworten, nach Sinn, sondern nach intensivem Erleben».[31] Beispiele dafür gibt es genug:

Das «Bungy-Jumping» begeistert inzwischen Tausende. Geduldig stehen sie Schlange und zahlen 150 DM, um sich, angebunden an ein Gummiseil, von einem Kran 60 Meter in die Tiefe stürzen zu dürfen. Die Angst springt mit, und hinterher darf man sich ein T-Shirt kaufen mit der Aufschrift «I did it». Wer es sich leisten kann, erhöht den Nervenkitzel mit Hilfe eines Heißluftballons, der in 1500 Meter Höhe aufsteigt, worauf man sich mit einem 250 Meter langen Gummiseil aus dem Korb stürzt, wie ein Jo-Jo mehrmals auf und ab tanzt, dann das Seil kappt und den freien Fall zur Erde mit einem Fallschirm bremst!

Eine besonders publikumswirksame Variante des Fallschirmspringens ist das «Himmels-Surfen»: Mit einem Surfbrett unter den Füßen springt man aus einem Flugzeug und surft durch die Luft der Erde entgegen, wobei man gewagte Flugfiguren bis hin zum Salto mortale absolvieren kann; erst ganz zuletzt wird die Reißleine des Fallschirms gezogen.

Aber auch dieser Kitzel, bei dem Gummiseil oder Fallschirm ja noch relative Sicherheit bieten, ist manchem nicht stark genug; er muß erst dem Tod ins Gesicht blicken, um etwas zu erleben. So etwa ein französischer Feuerwehrmann, der, auf einem neun Millimeter dicken Stahlseil balancierend, eine mehr als 1000 Meter tiefe Schlucht zwischen Brasilien und Venezuela überquerte: Er zitterte vor Angst, aber er wollte und mußte hinüber. Ein 24jähriger Australier hatte sich in den Kopf gesetzt, mit dem Snowboard vom Kilimandscharo abzufahren: Er erstieg den 6000 Meter hohen Gipfel und raste auf der Kraterinnenseite fast senkrecht hinunter.

Schon länger bekannt ist der Typus des Extremsportlers, der das Bedürfnis hat, an die äußersten Grenzen seines psychischen und physischen Leistungsvermögens heranzukommen. Dazu zählen vor allem die Extrembergsteiger. Bei ihnen ist, wie der Psychologe Ulrich Aufmuth feststellte, das herausragende Reizmerkmal eindeutig die hohe Lebensgefahr, «sichtbar als gähnender Abgrund oder tiefe Eisspalte, spürbar in Form wackeliger Felshaken, hörbar als Krachen von Schnee- und Eislawinen».[32] In solchen Grenzsituationen wird die Gegenwart mit einer Intensität erlebt wie niemals sonst, denn jeder Eindruck, den die Sinne bieten, könnte schon der letzte sein!

Besonderes Aufsehen erregen die Freeclimber, die «Freikletterer», die inzwischen auch ohne Alpen auskommen. Einer von ihnen erkletterte das Hochhaus der Dresdner Bank in Frankfurt am Main, einen 167 Meter hohen Turm mit fast spiegelglatter Fassade! Rückblickend auf seine früheren Versuche, solche Klettereien sogar ohne Seilsicherung durchzuführen, meinte er: «Es hat schon seinen Reiz zu wissen, wenn das jetzt nicht hinhaut, bist du mausetot.»

Diesen Reiz empfanden offenbar auch viele Jugendliche, die in Hamburg den Sport des «S-Bahn-Surfens» erfanden: Bei 120 Stundenkilometer Fahrt hängte man sich außen an die Züge oder erkletterte das Dach. Manch einer hat dabei sein Leben gelassen oder schwere Verletzungen davongetragen. Bald darauf galt in München das U- oder S-Bahnsurfen schon als «out». Viel aufregender erschien es den Jugendlichen dort, nach der Wende von 1989 die in München auftauchenden «Trabis» zur Zielscheibe zu nehmen und mitten im Stadtverkehr von hinten auf sie aufzuspringen, auf dem Kofferraum oder Dach ein Stück weit mitzufahren und bei nächster Gelegenheit wieder abzuspringen. Die Anzeigen empörter Trabi-Fahrer bei der Münchener Polizei häuften sich.

Als besondere Mutprobe gilt unter Jugendlichen, sich auf die Schienen der Eisenbahn zu legen und zu warten, bis der Zug kommt – wer als letzter aufspringt, ist Sieger! – oder die 50 Grad steilen Abhänge von Kohlehalden im Ruhrgebiet mit Skiern oder Snowboard hinabzurasen (Geschwindigkeiten bis zu 100 km/h!) und dabei Hals- und Beinbruch zu riskieren. Der Phantasie sind keine Grenzen gesetzt.

Je verzweifelter die innere Leere empfunden wird, desto unwiderstehlicher wächst der Drang nach gesteigertem Welterleben, der sich in den absurdesten Formen auslebt. In den zuletzt genannten Beispielen nimmt er fast schon manische Züge an. Indessen spielt auch noch ein anderer Drang hinein: der Drang, sich selbst zu spüren, das eigene Selbst zu erfahren. Manche Forscher meinten auf dem erwähnten Kongreß sogar, hinter der «Angstlust», mit der die Extremgefahren gesucht würden, stünde nichts anderes als Narzißmus. Die Identität des U-Bahn-surfers sei «schwach ausgebildet», er suche eine «Überhöhung seines Lebensgefühls». Aber auch diese Steigerung des Selbstwertgefühls ist letztlich eine Illusion, denn die Persönlichkeit bezieht ihren Wert nicht aus sich selbst, sondern aus der Wertschätzung, die ihr von der Gruppe oder Clique entgegengebracht wird, also von außen. Es ist eine künstliche Identität, verliehen von der Gemeinschaft, auf deren Anerkennung man hofft und deren Wertmaßstäbe man unreflektiert als die eigenen betrachtet.

Hier zeigt sich eine andere Folge der grenzenlosen Ausweitung unseres Erfahrungshorizontes durch Medien und Telekommunikation: Unmerklich ändert sich die gewohnte Persönlichkeitsstruktur, und es entsteht der völlig nach außen orientierte und von außen sich konstituierende Mensch – ein Phänomen, das den Psychologen bereits einiges Kopfzerbrechen bereitet und mit dem Schlagwort «Multiphrenie» belegt worden ist. Heiko Ernst schreibt dazu in seinem Aufsatz «Das Ich der Zukunft»:

«Täglich werden wir mit Informationen, Ideen und Bildern überflutet. Unsere Psyche ist buchstäblich übervölkert von realen und fiktiven Menschen, mit denen wir immer häufiger und leichter in Kontakt treten – durch Reisen, Telefon, Fernsehen und so weiter. So verändert sich auf leise, aber sehr dramatische Weise unsere Persönlichkeit: wir werden multiphren. Überzeugungen, Eigenschaften, Selbstbilder, kurz: unser Ich ist kein geschlossenes ‹Ganzes› mehr, sondern ein Kaleidoskop von Eindrücken und oft widersprüchlichen Meinungen.»[33]

Er schildert dann in Umrissen den Alltag eines heutigen Zeitgenossen und resümiert: «Ein undramatischer, ganz normaler, vielleicht sogar langweiliger Tag im Leben eines Durchschnittsmenschen, gewiß. Und doch machen sich die Psychologen und Philosophen zunehmend Sorgen um die Persönlichkeit dieses Menschen – wenn sie denn überhaupt noch vorhanden ist. Hat sich sein ‹Ich›, seine Identität nicht längst aufgelöst, verflüchtigt unter dem unablässigen Bombardement aus Informationen, Meinungen, Bildern? Hat B. nicht schon in der ersten Stunde dieses stark zeitgerafften Tages mehr über die Welt da draußen erfahren als ein hochgebildeter und privilegierter Mensch des 18. Jahrhunderts in einer Woche? Hat er bis zum Abend nicht mit mehr Menschen – realen und fiktiven – kommuniziert als ein umtriebiger Unternehmer in den 60er Jahren? Was richtet die Informationsflut in der Psyche an? ... Und schließlich: Was geschieht mit dem ‹Selbst›, wenn jemand andauernd nach außen orientiert ist, nach außen orientiert sein muß?»

Nach einem Blick auf das von Erik Erikson ausgearbeitete Modell der Identitätsfindung fährt er fort: «Wenn diese Identitätsfindung nicht gelingt, dann drohen Identitätskrisen, psychische Probleme, ja sogar Persönlichkeitszerfall und eine ‹multiple Psyche›, ein klinischer Zustand der Desorganisation und des beziehungslosen Nebeneinanders von verschiedenen Teil-Persönlichkeiten in einer Person. Das Ich als ‹psychischer Kern des Menschen›, als sein unverwechselbarer Charakter, der alle Lebensbezüge färbt und organisiert, scheint heute aber nur noch eine Fiktion zu sein, ein längst von der Wirklichkeit überholtes Ideal aus romantischer und rationalistischer Vorzeit.» Der heute vorherrschende Sozialtypus sei der «entkernte Mensch».

Und wie lebt dieser entkernte Mensch im Alltag? Er steht vor einem Chaos von Möglichkeiten und Notwendigkeiten. «Zu viele Möglichkeiten, zu viele Notwendigkeiten. Das Überangebot erzeugt Multiphrenie: Das frustrierende Gefühl, sich im

99

Neben- und Durcheinander von Alltags-Optionen nicht mehr zurechtzufinden. Diese Frustration ist die Kehrseite des ausgeweiteten Handlungsspielraumes, der neuen Freiheiten und Möglichkeiten. Das multiphrene Ich fürchtet ständig, etwas zu verpassen und zu versäumen, von seinen Möglichkeiten nicht den rechten Gebrauch gemacht zu haben. Selbst wenn ein Wunsch befriedigt wird – es bleiben noch so viele andere . . . Ein weiteres unangenehmes Merkmal der Multiphrenie ist die Angst, nicht genug zu erfahren, nicht genug zu wissen, nicht ‹auf der Höhe der Zeit zu sein›. Je mehr Information auf uns einstürmt, je mehr wir uns neuen Erfahrungen und Beziehungen aussetzen, desto schneller dreht sich diese Spirale: weil wir wissen, daß es ‹da draußen› ein Universum von noch nicht Erfahrenem gibt, versuchen wir verzweifelt, mit der Informationsflut Schritt zu halten.»

Psychologen wie Kenneth Gergen[34] und Heiner Keupp[35] sehen darin freilich weniger eine Gefahr als eine Chance, die genutzt werden könnte, um von der traditionellen, in sich geschlossenen Persönlichkeit zu einem «Beziehungsselbst» zu gelangen. Jedoch setzt diese Auffassung voraus, daß ein aktiver Wille da ist, die Chance zu nutzen, und man fragt sich, woher der kommen soll bei einer so vollständig von außen besetzten Persönlichkeit. Stehen sich diese Menschen nicht selbst im Wege, einen eigenen Willen zu entwickeln?

Wie immer man dazu stehen mag, soviel ist deutlich: Der Mensch, der nicht von innen heraus – also aus sich selbst – die Kraft findet, sein Verhältnis zur Welt zielgerichtet zu gestalten, sondern stets auf die Aktivität der Umgebung wartet und sich von ihr ins Schlepptau nehmen läßt, der kann sich angesichts der «telematischen Gesellschaft» (wie sie der tschechische Medienforscher Vilém Flusser genannt hat) in dem Überangebot an Kommunikation und Sinnesreizen nur verlieren. Unablässig wird ihn die Sorge umtreiben, die Welt noch nicht zu kennen, den vermeintlich eigenen, in Wirklichkeit von außen vorgegebenen Ansprüchen nicht zu genügen, für die «Selbstverwirklichung» viel zu wenig getan zu haben, und schon erliegt er dem Sog der Sucht, der ihn allen erdenklichen Erlebnissen nachjagen läßt, ohne daß er Erfüllung findet. Das höhere Maß an Freiheit und Selbstbestimmung, das ihm durch die immense Ausweitung des Erfahrungshorizontes zuteil werden sollte, bleibt eine Illusion, sein Ich wird fremdbestimmt und außengesteuert. Am Ende ergeht es ihm wie Ibsens Peer Gynt, der als alter Mann beim Entblättern einer Zwiebel Lebensrückschau hält, Schale um Schale ablegt, um zum Kern vorzudringen, und schließlich erschrocken feststellen muß, daß die Zwiebel keinen Kern enthielt.

Multiphrenie sorgt nicht für öffentliches Aufsehen wie die «Angstlust» jener Jugendlichen, die ihr Leben aufs Spiel setzen für ein wenig Selbst- und Welterlebnis; sie kommt im bürgerlichen Gewande der Normalität daher, erklärt das Treiben der U-Bahnsurfer für pervers, ja kriminell, und hält sich selbst für ein positives Beispiel moderner Lebensgestaltung «auf der Höhe der Zeit». Doch gibt es eine Gefahr, der auch diese Menschen auf Dauer nicht entgehen: Je mehr sie sich am vermeintlichen Zeitgeist orientieren, desto hektischer wird ihr Bemühen, immer das Neueste zu kennen, alle erreichbaren Erlebnisse «mitzunehmen», und so entwickelt sich unmerklich das Verlangen nach immer stärkeren Reizen, das sie anfällig macht für Manipulationen vielfältigster Art. Diese Manipulationen, deren Gefährlichkeit der Öffentlichkeit noch kaum bewußt geworden ist, sollen das Thema der nächsten Abschnitte sein.

Unterschwellige Stimulation durch das Auge

Werbefilm und Werbegrafik wissen den wachsenden Hunger nach visuellen Reizen geschickt für sich zu nutzen, indem sie dazu übergehen, nicht mehr so sehr auf die Wirkung des gedruckten oder gesprochenen Wortes zu bauen, sondern so etwas wie sprechende oder klingende Bilder zu gestalten, die durch Verzicht auf unnötiges Beiwerk, raffinierte Perspektive, großzügig klare Flächengestaltung und schwingende Linienführung die gesamte Komposition auf einen bestimmten Effekt hin konzentrieren, die Darstellung in ein oder zwei bewußt gewählte Farbnuancen tauchen und durch hervorragende Drucktechnik zu höchster Wirksamkeit steigern, so daß sich das Auge förmlich angezogen fühlt und länger darauf verweilt als gewöhnlich.

Charakteristische Beispiele bieten Reklamebilder für Autos und Parfums, so etwa die 1987 verbreitete Zeitschriftenwerbung für adidas-Toilettenartikel, die mit Nahaufnahmen vom nackten Oberkörper eines gepflegten, athletisch gebauten Mannes den Blick zu fesseln versuchte: Man sieht eine bestimmte Partie, dramatisch beleuchtet mit starken Hell-Dunkel-Kontrasten, die jedoch, in der Blautönung des ganzen Bildes vielfältig abgestuft, vom tiefsten Schwarz über kräftiges Dunkelblau und lichtes Himmelsblau bis zum weißblauen Schimmer ineinander übergehen und sanft verschwimmen, wodurch die spannungsreiche Plastik der Muskeln mit ihrem lebendigen Wechsel von Wölbung und Senkung im Licht- und Schattenspiel lebhaft hervortritt und zusammen mit der weichen Zeichnung der Hautporen unmittelbar anklingt an griechische Götterbilder aus edelstem parischem Marmor. Auch Haltung und Figur des Mannes unterstützen unaufdringlich (und wahrscheinlich gar nicht ins Bewußtsein tretend) die klassische Assoziation. Anders jedoch als bei bekannten Fotos von antiken Statuen ist nur ein Teil des Körpers abgebildet, und ebendas regt die schweifende Phantasie verführerisch an, der mehrdeutigen Bildüberschrift «Für den ganzen Mann» zu folgen und sich heimlich noch hinzuzudenken, was nicht gezeigt und nicht gesagt wird. Wohlgefällig verweilt das Auge, genießt das prickelnde Flair und nimmt, wie nebenbei, mit auf, was am Rande als Nebensache zu sehen ist: das Produktdesign mit dem Markenzeichen.

Man überzeugt also nicht mit Argumenten, wendet sich nicht an das prüfende Denkvermögen, sondern lockt den Sinneshunger auf ein faszinierendes Bild, dessen künstlerisch-ästhetischen Reiz der Verstand nicht gedanklich abfertigen kann, steigert mit einem vielsagenden Wortspiel die aufkommende Empfindung in eine bestimmte Richtung und schleust dann in diese Gefühlswoge das an sich nichtssagende Markenzeichen und den ebenso nichtssagenden Firmennamen ein. Was folgt, ist klar: Beide Informationen sind jetzt im Unterbewußtsein mit positiven Gefühlen besetzt, und wenn irgendwann später der suchende Blick in der riesigen Auswahl das bekannte Zeichen trifft, taucht die angenehme Erinnerung wieder auf und gibt den Ausschlag für den Kauf gerade dieses Artikels, ohne daß sich der Käufer bewußt wird, woher seine Motivation rührt.

Solcherart das kühl registrierende, kritisch distanzierte Wachbewußtsein zu umgehen oder sogar auszuschalten und sich direkt ins Unterbewußtsein einzuschleichen gehört zu den wirkungsvollsten Methoden der modernen Werbung, ja ist wohl die entscheidende Methode überhaupt. Gestützt auf psychoanalytische Erkenntnisse, wissenschaftliche Planung und ausgefeilte Technik, wird sie in der Hand geschickter Werbegraphiker zu einem lustvollen Instrument der Begierdenstimulation und Verhaltenssteuerung.[36] Längst kennt man Mittel, ihre Wirksamkeit noch weiter zu steigern: Eines davon ist die Verwendung unerkannter Symbole, wobei man sich nach der Welle sexueller Symbole neuerdings sehr gerne okkulter Symbole bedient, deren stiller Einfluß auf die Tiefenschichten der Seele den Psychologen seit C. G. Jungs ausgedehnten Untersuchungen bekannt ist, die aber den wenigsten Betrachtern etwas sagen, vielleicht nicht einmal bemerkt werden, und um so ungehinderter Einlaß in die unbewußte Psyche finden.

Kann man sich hier noch streiten, ob die Freiheit des Konsumenten gewahrt bleibt oder nicht, so wird bei dem folgenden Mittel die Grenze zum kriminellen Eingriff in den freien Willen deutlich überschritten: Seit den 50er Jahren gibt es Versuche, Kaufentscheidungen für ein bestimmtes Produkt zu erzwingen oder wenigstens zu fördern, indem man in einen beliebigen

Kinofilm Einzelbilder einschaltet, die mit dem Thema des Films nichts zu tun haben, sondern ein Werbefoto, Symbole, Produktnamen oder ähnliches enthalten, die sich dem ahnungslosen Betrachter einprägen sollen.[37] Da ein solches Einzelbild, in rhythmischen Abständen eingeblendet, nur eines von 24 Bildern ist, die pro Sekunde über die Leinwand rasen, entgeht es dem Bewußtsein völlig; man sieht es nicht, selbst wenn man von seiner Existenz weiß und angestrengt hinblickt. Dessen ungeachtet wird es sehr wohl aufgenommen und im Unterbewußtsein verankert, wo es dann ohne unser Wissen wirkt und uns zu Handlungen veranlaßt, über deren Grund wir uns keinerlei Rechenschaft zu geben vermögen.

Welche Folgen es haben müßte, wenn dieses Mittel in dem Massenmedium Fernsehen politisch und kommerziell genutzt würde, ist kaum auszudenken. Und doch müssen wir auf die Möglichkeit gefaßt sein, daß es geschieht. Zwar ist in der Fachliteratur die Wirkung unterschwellig aufgenommener Einblendungen noch umstritten,[38] aber die angeblichen Beweise für ihre völlige Unwirksamkeit gehen von Fragestellungen aus, die so stark eingeengt sind, daß sich der Verdacht aufdrängt, hier werde absichtlich von einer vorhandenen und vielleicht auch schon genutzten Möglichkeit zur Manipulation breitester Volksmassen abgelenkt. Jedenfalls gibt es bereits einen Präzedenzfall, in dem die Beeinflussung einer ganzen Nation versucht worden ist:

Am 13. Mai 1988 publizierte die Zeitung «Le Quotidien de Paris» einen Bericht des Medienspezialisten Jean Montaldo, der entdeckt hatte, daß dem französischen Fernsehpublikum während des Wahlkampfes um das Amt des Staatspräsidenten durch Monate hindurch dreimal täglich vor den Nachrichten eine Sequenz von zehn Bildern des amtierenden Präsidenten Mitterrand präsentiert worden war, unwahrnehmbar eingeblendet in das Vorspann-Signet des staatlichen Senders Antenne 2. (Der Nachweis ist mit Hilfe eines Videorecorders, der die Einzelbilder auf Wunsch als Standbilder zeigt, leicht zu führen.) Insgesamt soll die Bilderreihe 2949mal gesendet worden sein.[39]

Die anschließenden Beschwichtigungsversuche der Verantwortlichen sprachen jedem Denkvermögen Hohn: Der Produzent des Vorspanns entschuldigte sich: «Ich wollte den Vorspann nur aktuell machen», der zuständige Redakteur erklärte das ganze für einen «Scherz». Scherze für das Unterbewußtsein, über die niemand lachen kann? Aktualisierung, von der kein Zuschauer etwas bemerkt? Die Täuschungsabsicht ist nur allzu deutlich. Auch der entschuldigende Hinweis des Produzenten, es stehe ja «nicht fest, ob solche ‹unsichtbaren› Bilder den Betrachter beeinflussen», ist alles andere als beruhigend; er nährt den Verdacht, daß man die Einblendungen zuerst wissenschaftlich für unwirksam erklärt, um dann um so ungenierter mit ihnen experimentieren zu können. Ein Experiment war es in jedem Falle, und die erstaunlich schwache Reaktion der Öffentlichkeit in Frankreich (die Wahl wurde nicht angefochten!) läßt befürchten, daß das Beispiel Schule macht. Selbst Verbote, wie sie die französische Aufsichtsbehörde CNCL eilfertig erließ, können das nicht verhindern, denn niemand ist in der Lage, die Millionen von Einzelbildern, die jeder Fernsehsender täglich ausstrahlt, Bild für Bild zu kontrollieren.

Doch nehmen wir einmal an, durch scharfe Gesetze und lückenlose Überwachung mit Hilfe eigens dafür konstruierter Computer ließen sich solche Machenschaften tatsächlich wirksam unterbinden[40] – dann stehen wir gleichwohl vor der Tatsache, daß dieselbe Methode unterschwelliger Beeinflussung, die hier inkriminiert wird, auf einem anderen Felde als legal gilt und mit öffentlicher Billigung weiterhin betrieben wird, nämlich in der Werbung. Wie die Werbepsychologen ihre Werbegraphiken und den von Einblendungen freien Werbespot im Kino oder Fernsehen gestalten, welche Mittel heimlicher Verführung sie dabei einsetzen und mit entsprechender Musik unterstützen, das ist ihnen freigestellt. Es bedarf nur eines anfänglichen Studiums der Fachliteratur,[41] um zu erkennen, mit welcher Raffinesse die Ergebnisse der Verhaltensforschung und der Sinnesphysiologie, der Konsumentenforschung und der Psychologie dort ihre gewinnbringende Nutzanwendung finden. Und sie finden auch geneigte Aufnahme bei der Masse der Benutzer; denn man ist es längst nicht mehr gewohnt, sich aus eigener Kraft der Sinneswelt mit solcher Intensität zu widmen, daß man zu eindrücklichen Erlebnissen gelangt. Das stumpf gewordene Sinnesbild erhält – so scheint es – neuen Reiz und frischen Glanz durch die angewandte Technik, ohne daß man sich darum bemühen muß. Je ausgetrockneter der inaktive Betrachter sich fühlt, desto bereitwilliger nimmt er Surrogate an, die seiner Sehnsucht Erfüllung verheißen.

Vergewaltigung und Zerstörung des Auges

Dem steht eine andere Tendenz gegenüber, die nicht so sehr auf die seelische Wirkungskraft der Wahrnehmung hofft, sondern den körperlich-physischen Reiz der Sinne mit harten, teilweise brutalen Mitteln zu steigern sucht. Neben vielem anderem gehört hierher die Welle von Porno-, Kriegs- und Gewaltdarstellungen im Film, besonders die seit den 80er Jahren erschreckend zunehmende Verbreitung von Videofilmen mit furchtbaren Grausamkeiten und Menschenschlächtereien, die den normal empfindenden Betrachter treffen wie ein Bombardement, ihn körperlich bis zum Brechreiz schütteln und rasch an die Grenze dessen bringen, was ein Mensch überhaupt ertragen kann. Statt Langeweile und Öde also schärfste Attacke, rücksichtslose Vergewaltigung des Auges, gegen die man sich fast nicht behauptet. Derartige Filme erlauben kein gelassenes Hinnehmen, sie zwingen zur Aktivität! Aktivität aber nicht im Steigern der Empfänglichkeit, sondern umgekehrt im Abschotten der Sinne gegen die hereinbrechende Übermacht. Von Jugendlichen wird berichtet, daß sie in Gruppen heimlich geliehene Videofilme anschauten und die Leihgebühr von demjenigen zahlen ließen, der sich als erster übergeben mußte. Widerstand zu leisten gegen die Gewalt des Eindruckes, daran erlebt man offenbar seine Männlichkeit, und nur das scheint den Reiz der Sache auszumachen; der Inhalt dürfte gleichgültig sein. Zwar haben sich Öffentlichkeit und Gesetzgeber inzwischen ausführlich mit dem Problem befaßt und es partiell unter den Ladentisch verdrängt, aber erledigt ist es nicht: Bei einer Befragung im Jahre 1992 hielten Jugendliche die 18-Jahres-Grenze in Videotheken «für einen Witz»; indizierte oder beschlagnahmte Gruselstreifen, bei denen Menschen zerrissen werden und das Hirn an die Wand spritzt, waren für sie «jederzeit organisierbar», ja manche wußten sogar an Filme aus den USA zu kommen, in denen «richtig gestorben» wird.[42]

Ebenfalls unbewältigt ist die zunehmende Verbreitung neuer Drogen, die teils aus klassischen Drogen abgeleitet sind (vor allem das aus Kokain gebackene «Crack»), teils synthetisch gewonnen werden, wie Amphetamin, Metamphetamin und die zahlreichen Designer Drugs. Ihre Wirkung besteht, neben der euphorischen Hochstimmung und gesteigerten Aktivität, nicht zuletzt in einer Schärfung und Übersteigerung der Sinneswahrnehmung, besonders der visuellen. Neueste wissenschaftliche Untersuchungen haben nun ergeben, daß der Zusammenhang zwischen Droge und Sinneswahrnehmung auch umgekehrt herstellbar ist: Bestimmte stark wirkende Eindrücke auf Auge oder Ohr veranlassen das Gehirn zur Ausschüttung drogenähnlicher Substanzen, die das körperliche Befinden schlagartig verändern. Man darf gespannt sein, zu welchen Anwendungen solche Erkenntnisse noch führen werden. Möglicherweise in diesen Zusammenhang zu stellen ist die Benutzung des Stroboskops in Diskotheken, das grelles Licht in den abgedunkelten Raum blitzt und dabei je nach Häufigkeit der auf das Auge auftreffenden Stimuli verschiedene Wirkungen auslöst. F. S. Bañol[43] berichtet dazu:

– 6 bis 8 Stimuli pro Sekunde führen zum Verlust der räumlichen Tiefenwahrnehmung.
– Steigert man das Tempo bis zu 20 Stimuli pro Sekunde, bewirkt die Interferenz mit den Alphawellen des Gehirns eine Verminderung der Konzentrationsfähigkeit.

– Bei noch schnelleren Lichtblitzen verlieren die Anwesenden immer mehr die Selbstkontrolle.

Hinzu kommt, daß in vielen Diskotheken statt gewöhnlichen Lichtes Laserstrahlen verwendet werden, die dem Auge äußerst gefährlich werden können, weil das energiereiche Laserlicht, von der Augenlinse zusätzlich gebündelt, auf der Netzhaut Temperaturen bis zu 70 °C erzeugt, die das Gewebe verschmoren lassen und somit Löcher in die Netzhaut brennen. Die Wahrscheinlichkeit, davon getroffen zu werden, ist nicht gering, da die Diskotheken den Lichteffekt gerne noch dadurch steigern, daß sie den Laserstrahl auf eine rotierende Spiegelfacettenkugel richten, welche ihn unkontrolliert in den Raum auffächert. Wohl sind solche Verletzungen bisher wenig bekannt geworden, doch muß die Dunkelziffer beträchtlich sein, denn die Beeinträchtigung wird den Geschädigten meist nicht bewußt. Sogar ein größerer Ausfall des Gesichtsfeldes wird oft nicht oder erst sehr spät bemerkt, wie ein Münchener Augenspezialist berichtete.[44] So wird der Sinnesreiz bis zur partiellen Zerstörung des Auges getrieben, und fortan läuft der Betroffene, ohne es zu wissen, mit physiologisch-organischen Scheuklappen durch die Welt!

Das alles mag wie ein Wahnsinn erscheinen. Studiert man aber genauer, wohin die stufenweise Verstärkung des Lichtgewitters den Jugendlichen, auch wenn er davon nur wenig spürt, in letzter Konsequenz führt, dann muß man sagen: Der Wahnsinn hat Methode. Denn zuerst wird ihm das Orientierungsvermögen im Raume genommen; dann kann er seinen Willen nicht mehr auf einzelne Wahrnehmungen konzentrieren und verfällt dem Chaos der Eindrücke; zuletzt, wenn das Tempo noch rasender wird, verliert er die Herrschaft über sich selbst, was im Extremfall (den die Diskothekenbesitzer natürlich meiden) bis zur totalen Enthemmung und wüstesten Aggression führen kann, wie man von Rockfestivals und ähnlichen Ereignissen weiß. Ist es übertrieben, diesen Vorgang als ›Entmenschlichung‹ zu bezeichnen? Zu der schleichenden Zerstörung der Natur tritt die schleichende Zerstörung der Persönlichkeit.

Was in den vorigen Abschnitten in bezug auf die Augen geschildert wurde, hat seine genauen Parallelen im akustischen Bereich. Auch hier findet eine systematische Abstumpfung statt, die Manipulationen aller Art ermöglicht. Die Ursache liegt, neben der allgemeinen Lärmüberflutung, vor allem im massenhaften Musikkonsum.

Auf Schritt und Tritt begleitet uns im öffentlichen Leben die Dauerberieselung mit banaler Unterhaltungsmusik, die Händler und Unternehmer als «sympathische Geräuschkulisse» zur Umsatzsteigerung einsetzen, zur appetitanregenden Gemütlichkeit im Restaurant, zur Leistungsoptimierung am Arbeitsplatz etc. Aber damit nicht genug: Freiwillig setzen sich die allermeisten Bürger hierzulande auch in ihren Privaträumen dem unablässigen Gedudel aus, das ihnen von morgens bis abends die Stille vertreibt. Schüler behaupten, ohne Hintergrundmusik die Schulaufgaben nicht machen zu können, gestreßte Erwachsene meinen, ohne seichte Schlagermusik keine Entspannung zu finden, und wo man aus Rücksicht auf andere bisher Musik nicht hören konnte, schafft endlich der Walkman Rat, jenes Minikassettengerät für die Jackentasche, das mit seinen kleinen Kopfhörern ein ganz privates Wunschkonzert inmitten der Öffentlichkeit ermöglicht und sich deshalb wachsender Beliebtheit erfreut. Weltweit werden derzeit 2,5 Milliarden Musikkassetten pro Jahr verkauft.[45] Ein großer Teil davon landet in den Autos, denn rund 90 % aller Autofahrer hören Umfragen zufolge während der Fahrt regelmäßig Musik.

Schon hat sich der Ausdruck *Weghör-Musik* eingebürgert, und das ist noch eine harmlose Bezeichnung. Energische Kritiker nennen die akustische Glocke über unserem Alltag eine regelrechte Seuche und Umweltverschmutzung («Musik-Emissionen»), ja sogar eine Sucht, «die vielleicht nicht strukturell, aber faktisch einer Drogenabhängigkeit entspricht».[46] – Der Publizist

Rüdiger Liedtke, der dem Problem eine materialreiche Monographie gewidmet hat, schreibt dazu: «Musik, das edle Kulturgut, wird plötzlich zur Qual, zum Umweltproblem. Körperliche und seelische Schädigungen sind ihre Folgen, die Menschen werden immer entmündigter, gleichgültiger, kritikunfähiger. Die musikalische Erlebnisfähigkeit degeneriert, die akustische Glocke macht auf allen Ebenen des gesellschaftlichen Lebens stumpf und taub, Musik wird vielfach zur Sucht, zur Droge, zur Krankheit.»[47]

Möglich wurde diese beispiellose Entwicklung durch die Technik der Sprach- und Ton-Konservierung, die das einmal «life» Vorgetragene beliebig verfügbar macht. Wiedergabequalität und -technik wurden ständig verbessert und inzwischen mit Hilfe der Digitaltechnik zu einer solchen Perfektion gebracht, daß der fortschrittsbegeisterte Zeitgenosse mit seiner CD-Platte oder seinem Tonband in Hi-Fi-Qualität einen vollwertigen Ersatz für das Originalkonzert zu haben glaubt, mehr noch: ein Optimum an Klangreinheit und Durchsichtigkeit, das uneingeschränkten Musikgenuß verspricht.

Völlig aus dem Blick gerät dabei, daß keine noch so perfekte Wiedergabe das ersetzen kann, was bei jedem Original-Ereignis in feiner Weise mitschwingt, unhörbar zwar, aber deshalb nicht weniger wirksam, nämlich die hochsensible seelische Regsamkeit und Bewußtseinsanstrengung des ausführenden Künstlers, sein spürbarer Gestaltungswille, sein Ringen um die geistige Substanz der Komposition, in deren Dienst er sich stellt, seine Zuwendung zum Publikum, kurz, alle die menschlichen Qualitäten, die sich für die Anwesenden unlösbar verbinden mit dem äußerlichen Erklingen des Werkes. Ein Konzert ist eben immer auch die Begegnung mit Persönlichkeiten und insofern ein menschliches Ereignis von Ich zu Ich. Die Präsenz des Künstler-Ichs jedoch läßt sich nicht konservieren, und so fällt bei der Aufnahme bzw. Reproduktion gerade das weg, was das Eigentliche an der Musik ausmacht.[48] Ein realer Bezug zur Person des Künstlers kann nicht aufgebaut werden, und dementsprechend respektlos verhält man sich dann auch beim Anhören, redet und ißt, pfeift mit oder arbeitet, läßt die Waschmaschine laufen oder geht aus dem Zimmer, ohne damit irgendwen zu beleidigen. Die Musikmaschine erwartet keine menschliche Zuwendung, denn sie bietet nichts als physischen Klang, einen seelenlosen Tonleichnam.

Gleichwohl ist die Lautsprechermusik nicht wirkungslos. Sie beeinflußt den Blutdruck, die Atmung, den Muskeltonus und andere Körperfunktionen so gut wie eine Originalmusik, und das erst macht ihre Bedeutung in der heutigen Medienlandschaft verständlich. Daß sich das Vegetativum des Menschen unter dem Einfluß von Musik verändert, war seit mehr als hundert Jahren naturwissenschaftlich bekannt; aber das volle Ausmaß der Veränderungen ist doch erst durch modernste medizintechnische Untersuchungen an den Tag gekommen, die durchweg anhand von Musikkonserven vorgenommen wurden. Einer der führenden Forscher auf diesem Gebiet, Gerhart Harrer, schrieb 1982 in seinem Forschungsbericht[49] dazu: «Alle unsere in den letzten 10 Jahren durchgeführten Untersuchungen wurden im polygraphischen Laboratorium der Landesnervenklinik Salzburg vorgenommen ... Folgende biologische Größen wurden bei unseren Untersuchungen registriert: Elektroenzephalogramm, Elektrokardiogramm, Pulsfrequenz, Atmung, Oszillogramm, Plethysmogramm, psychogalvanischer Reflex, Elektromyogramm ... Zunächst konnten wir feststellen, daß mit Hilfe dieser Versuchsanordnung die unter dem Einfluß von Musik auftretenden vegetativen Veränderungen sehr gut erfaßt werden können. Wir waren überrascht, welches Ausmaß diese Veränderungen unter dem Einfluß von Musik annehmen können. Wir fanden Auslenkungen und Veränderungen, wie wir sie sonst nur bei der Anwendung starker Medikamente oder bei schweren körperlichen Belastungen zu beobachten gewohnt sind» (S. 15–17). Und an anderer Stelle:

«Es zeigte sich ferner, daß Musik auch dann das Vegetativum zum Mitschwingen bringen kann, wenn die Aufmerksamkeit der Versuchsperson abgelenkt ist, so daß sie das dargebotene Musikstück nicht einmal bewußt wahrnimmt, also nach der Untersuchung nicht einmal genau weiß, was bzw. ob ein bestimmtes Stück gespielt wurde oder nicht – vor allem dann, wenn es sich um gut bekannte, charakteristische, ins Ohr gehende Stücke mit gewissermaßen starkem affektivem Aufforderungscharakter handelt.»[50]

Hier liegt der Ansatzpunkt für die sogenannte *funktionelle Musik:* Je mehr das Ich des Hörers sich aus der mechanisch toten Lautsprechermusik zurückzieht, weil es in ihr kein Gegenüber findet, dem es Respekt und Interesse entgegenzubringen hätte, um so ungehinderter kann diese Musik ihre unbewußt bleibenden Wirkungen auf den Hörer entfalten, und die lassen sich manipulatorisch nutzen. Schon zu Beginn des Jahrhunderts entdeckten amerikanische Wissenschaftler und Geschäftsleute, daß sich mit «arbeitsbegleitender» Konservenmusik an industriellen Fertigungsanlagen die Produktivität erheblich steigern ließ, weil monotone Arbeiten mit flotter Marschmusik besser von der Hand gingen, das Leistungstief am frühen Nachmittag abgefangen wurde, Ausfälle durch Krankheit und Drückebergerei zurückgingen und die Müdigkeit in Grenzen gehalten werden konnte. Auch die Kauflust der Konsumenten wurde durch dezente Hintergrundmusik günstig beeinflußt, weitere Anwendungsgebiete folgten rasch. Die Firma Muzak Corporation, heute ein weltweit operierender Konzern, begann in den 30er Jahren in den USA, arbeitsbegleitende Musik über Kabel landesweit zu vermieten; nach dem Ausbruch des Zweiten Weltkrieges half sie, die amerikanische Rüstungsindustrie auf Hochtouren zu bringen. (11 % Produktivitätszuwachs durch Musik in den rund 6000 Betrieben, die Muzak belieferte! 5 Millionen Arbeiter waren 1945 davon betroffen.[51])

Inzwischen lebt eine ganze Industrie davon, Menschen in den verschiedensten Situationen zu «beschallen», wie es im Fachjargon heißt, um ihre Psyche in die gewünschte Richtung zu bringen. In der Bundesrepublik verleiht die Muzak an Warenhäuser, Supermärkte, Gastronomen, Händler, Ärzte, Büros und andere

Bezieher über eigens dazu angemietete Spezialleitungen der Bundespost rund um die Uhr ausgetüftelte Musikarrangements, die genau auf den Anwendungszweck abgestimmt sind, eine Art Musikbrei aus eingängigen Melodien und oberflächlichem Orchestergesäusel, der pausenlos läuft. Seine Charakterlosigkeit ist beabsichtigt: Er soll möglichst wenig die Aufmerksamkeit auf sich ziehen, da die Erfahrung gezeigt hat, daß die experimentell erprobte Wirkung der Rhythmen, Klangfolgen etc. um so sicherer eintritt, je weniger der Hörer sein Bewußtsein auf sie richtet. Noch besser greift die unterschwellige Lenkung des Lebensgefühls, wenn die Musik dem jeweiligen, tageszeitlich gebundenen Biorhythmus des Körpers angepaßt wird, wie es neuerdings geschieht. Ist das etwas anderes als eine subtile Form der Ausbeutung?

Freilich haben sich die Opfer selbst dazu disponiert: Nicht hinzuhören, wenn Musik aus dem Lautsprecher tönt, daran hat man sich in täglicher Übung freiwillig gewöhnt. Sogar, wenn die Stücke nach eigenem Geschmack ausgewählt sind, schenkt man ihnen in der Regel nur oberflächliche Beachtung und degradiert sie damit ebenfalls zur Hintergrundmusik. Könnte man also nicht ohne Verlust auf diese Geräuschkulisse verzichten? Bezeichnenderweise halten das die meisten auf Dauer kaum aus. Sie scheinen die Stille zu fürchten, weil sie ihnen die Erschlaffung und Leere der eigenen Seele bewußt machen könnte. Unterhaltung und freundliche Stimmung soll von außen das ersetzen, was man sich nicht selbst zu geben vermag, und so begibt man sich in Abhängigkeit.

Rapide oder schleichende Gehörzerstörung

Die Betäubung gelingt nicht vollständig, die seelische Öde wird dennoch gefühlt, vor allem von Jugendlichen. Sie wissen, wie es die Menschheit seit Urzeiten wußte, daß Musik eine gewaltige Macht sein kann, die tief in das Innere der Seele dringt, den

Menschen rührt und bewegt, erhebt und erschüttert, und darum ist ihnen jede Technik willkommen, die diese elementare Macht neu und verstärkt erlebbar macht, und sei es auch nur in grob-materieller Weise wie zum Beispiel in manchen Diskotheken und auf Rockfestivals durch die Aufstellung riesiger Sub-Baß-Laut-sprecher, deren Frequenzbereich so niedrig ist, daß der abge-strahlte Ton nicht mehr als Ton, sondern als rhythmische Druckwelle gespürt wird, die alle Weichteile des Körpers rüttelt und schüttelt und in den Takt des Schlagzeugs zwingt. Eine «erschütternde Musik» im buchstäblichen Sinne!

Eine brutale Verstärkung geschieht auch durch die horrende Lautstärke, die bei Rockkonzerten teilweise mehr als 120 dB erreicht und damit weit über die Grenze von 85 dB hinausgeht, von der an die Hörfähigkeit ernstlich Schaden nimmt. Desmond Mark zitiert dazu einen Schweizer Zeitungsbericht von 1975:

«Messungen mit dem Sonometer haben während des Konzerts des Mahavishnu-Orchestra Lautstärken von 125 dB in einer Ent-fernung von 3 Metern von den Lautsprechern ergeben, 110 dB in den hinteren Parterrereihen und 118 dB in den ersten Balkonrei-hen. Es ist wahrscheinlich, daß 100–200 Personen, also ungefähr 10 % des anwesenden Publikums, unheilbare Schäden des Corti-schen Organs davontrugen. Das heißt, daß Nervenzellen zer-stört wurden, die sich bekanntlich nicht regenerieren.»[52]

Der Gehörspezialist Prof. Peter Plath berichtete 1990, daß nach jedem Rockkonzert in der Dortmunder Westfalenhalle sich in seiner Klinik in Recklinghausen mehrere junge Leute einfan-den, deren Gehör schwerste Schäden erlitten hatte: «Wofür man in der Industrie-Arbeitswelt 20 Jahre braucht, schaffen die an einem Abend.»[53] Und diese irreparable Schädigung wird wäh-rend des Konzerts nicht einmal bemerkt: Zusammen mit dem Lichtgewitter des Laser-Stroboskops vereinigt sich das Schallin-ferno zur «Multi-Media-Show», in die man sich, ekstatisch mit den Gliedern zuckend, hineinbegibt wie in einen Hexenkessel. Der Zerstörung des Ohres schließen sich dann leicht noch wei-tere Zerstörungen an:

114

«Überlaute Musikdarbietungen führen zur Ausschüttung von Hormonen, und zwar stehen Lautstärke, Hormonausschüttung und damit Erregungszustand des Hörers in Korrelation. Die Nebenniere schüttet bei übergroßer Lautstärke – also in Alarmsituationen – Adrenalin aus, das entweder als Flucht- oder Angriffshormon wirksam wird. Der Mensch gerät dadurch in eine Streßsituation, für deren Abreaktion der traditionelle Konzertsaal nur wenig zweckentsprechend eingerichtet ist. Aggressionsexzesse wie Zertrümmerung des Inventars und Fluchtreaktionen in der Form reihenweiser Ohnmachtsanfälle bei Rockkonzerten finden damit eine Erklärung.»[54]

Der Leser, der sich hier mit Schaudern abwendet, sollte bedenken, daß auch seine Ohren von dem gleichen Problem betroffen sind, nur in abgeschwächter Form. Denn der allgemeine Lärmpegel hat im 20. Jahrhundert stetig zugenommen und längst schon eine kritische Grenze erreicht:

«Vergleichende Messungen an akustischen Signalvorrichtungen über mehrere Jahrzehnte haben in Übereinstimmung mit Messungen des Straßenlärms aus jüngster Zeit ergeben, daß der Schallpegel der Umwelt in westlichen Industrieländern pro Jahr etwa um 0,5–1 dB zunimmt. Das bedeutet, daß sich die subjektiv wahrgenommene Lautstärke der Umwelt in jeweils 10–20 Jahren verdoppelt. Der Lärmpegel in den Städten wird derzeit (1977) mit etwa 70–90 dB angegeben.»[55] – «Damit die lebensnotwendigen akustischen Signale (Warnzeichen, Sprache usw.) überhaupt hörbar bleiben, müssen sie erheblich verstärkt werden. Während für eine Polizeisirene im Jahre 1912 Signale mit einer Lautstärke von 88 Dezibel ausreichten, muß eine Sirene heute 120 Dezibel starke Signale ausstrahlen, um im Großstadtlärm wahrnehmbar zu sein.»[56]

Über diesen ohnehin gestiegenen Lärmpegel hinaus schädigen sich viele Jugendliche zusätzlich durch die Detonationen von Feuerwerkskörpern und Pyropistolen, durch extremen Mopedlärm, Motorsport und Hobbymaschinen,[57] vor allem aber durch die ausgiebige Benutzung des Walkmans, der viele Stunden am

Tag die Ohren in Beschlag nimmt. Auch hier geben sich die jungen Leute nicht mit einer gesundheitsverträglichen Lautstärke zufrieden, sondern drehen das Gerät in der Regel weit auf, nicht selten bis zum Maximum, das nach Messungen der Technischen Bundesanstalt in Braunschweig je nach Fabrikat zwischen 97 und 110 Dezibel liegt. «Bei diesem Schallpegel genügt bereits eine tägliche Abhörzeit von nur einer Viertelstunde, um nach wenigen Jahren einen Gehörschaden zu riskieren», warnen die Autoren der Studie.[58] Doch darüber macht sich ein Rockfan nur lustig. Dabei ist erwiesen, «daß junge Menschen im Wachstumsalter bis 20 Jahre erhöht lärmgefährdet sind, weil ihre Hörorgane empfindlicher gegen Lärmbelastungen sind als bei Erwachsenen.»[59]

Aber was nutzen solche wohlgemeinten Warnungen, wenn man dem Rausch der Lärmorgien längst verfallen ist und sich wie ein Süchtiger allen «vernünftigen» Argumenten verschließt? Der Rausch ist zu Hause und im Auto auf Knopfdruck verfügbar, und die Umwelt bekommt auch ihren Teil davon ab, sei es durch die meterweit hörbaren Schlagzeuggeräusche des Walkmans oder sei es durch die geschlossenen Scheiben eines Autos hindurch, dem jedermann schon von weitem anhören kann, daß sein «Sound» mit teurer Elektronik und vielen Lautsprechern auf hohe Watt-Zahl getrimmt worden ist. Im US-Staat Ohio wurde 1990 ein Zwanzigjähriger angetroffen, der sich seinen Kleinbus für 35 000 Doller mit 25 Lautsprechern und entsprechenden Verstärkern vollgestopft hatte, aus denen bei voller Leistung 149 Dezibel ertönten – was einem Düsenjäger beim Start gleichkommt. Auf die Frage nach dem Sinn des Aufwands antwortete er vergnügt: «Ich bringe jedes Auto zum Schwingen, das zwei Fahrzeuglängen vor mir steht, und meine Mutter hört aus drei Meilen Entfernung, wenn ich nach Hause komme.»[60]

Die Überwältigung der Sinne ist es, nach der der Erlebnishunger lechzt und die er, weil die Sättigung nicht eintritt, wie in wilder Verzweiflung immer weiter treibt, bis zur Zerstörung des Organs. Da die Jugendlichen aber nur in krasser Form das widerspiegeln, was als Tendenz in der heutigen Gesellschaft allgemein lebt, muß man fürchten, daß «die ständig zunehmende akustische Umweltverschmutzung in nicht allzu ferner Zeit eine allgemeine *Ertaubung* zur Folge haben» wird, wie es Desmond Mark schon 1975 vorausgesagt hat.[61]

Eines der wichtigsten Tore zur Welt würde uns damit zugeschlagen, jeder wäre in sich selber eingekerkert. Man bedenke nur, wieviel Innerliches, Intimes, Wesenhaftes wir von den Dingen um uns herum, von Tieren und Menschen erfahren durch unser Ohr, das mit einer so unglaublichen Spannweite der Differenzierungsmöglichkeiten begabt ist, daß es «einerseits schon einen Schalldruck von $0,2 \cdot 10^{-9}$ bar wahrnimmt, andererseits aber noch Ton- und Geräuschempfindungen vermittelt, bei denen der Schalldruck das 10 000 000fache beträgt».[62] Kaum können wir uns vorstellen, dieses feine Instrument zu verlieren, und doch schreitet seine Destruktion mit Riesenschritten voran: Norwegische Audiologen untersuchten in einer Langzeitstudie jährlich 30 000 Wehrpflichtige im Alter von 18 Jahren auf etwaige Schädigungen des Gehörs.[63] 1981 fanden sie solche Schäden bei 15 Prozent der jungen Männer, Ende 1987 waren es bereits 30 Prozent! Zu ähnlichen Resultaten kamen britische Forscher bei Untersuchungen an Studenten. – 1988 vermuteten deutsche Mediziner bei 10 Prozent der Jugendlichen beginnende Schwerhörigkeit, bei 2 Prozent von ihnen fortgeschrittene Ertaubung. Inzwischen sind diese Zahlen längst überholt: Eine Untersuchung des Deutschen Grünen Kreuzes im Jahre 1990 ergab, daß rund elf Millionen Bundesbürger versorgungsbedürftig schwerhörig sind.[64] Das sind mehr als 10 % der gesamten Bevölkerung, nicht nur der Jugendlichen! Jedoch trugen nur 1 Million Bundesbürger ein Hörgerät, die übrigen 10 Millionen verzichteten darauf, offenbar, weil das Gerät als Makel empfunden wird. Der Verzicht indessen zwingt sie, den Lautstärkeregler allmählich immer weiter aufzudrehen, um den fortschreitenden Hörverlust auszugleichen – und eben das beschleunigt ihn! So arbeiten Millionen Menschen Tag für Tag an ihrer eigenen Isolation.

Erst wenn die Taubheit das Tor zur Welt verriegelt hat, erkennen sie das Gefängnis, in dem sie sich selbst eingemauert haben; doch dann ist es zu spät: Die Freiheit des eigenen Hörens ist dahin, das Medium hält sein Opfer gefangen.

Tragen wir nicht alle durch unnötiges Musikgedudel und übertriebene Lautstärke jeden Tag ein kleines Stückchen bei zu diesem irreversiblen Wahrnehmungsverlust? Gewöhnen wir die Kinder nicht ohne Not von klein auf an das Vorhandensein einer permanenten Geräuschkulisse, als ob es sich um eine gottgegebene, unabänderliche Naturtatsache handelte? Zwingen wir ihnen nicht durch den Dauerkonsum von seelenlosen Bild- und Tonkonserven täglich sich erneuernd die Gewißheit auf, daß in der Welt nichts Seelisches und Geistiges zu finden ist, so daß es keinen Sinn hat, der Welt Interesse entgegenzubringen, sich um sie zu bemühen und an ihr zu arbeiten? Treiben wir selbst sie nicht dadurch in die Diskotheken, in die Sucht nach neuen Reizen, in den Drogengenuß? Erziehen wir sie nicht ungewollt zum schlimmsten Autismus?

Dabei gibt es doch eine absolut sichere und gefahrlose, nicht den geringsten Aufwand erfordernde Möglichkeit, die allermeisten Schall- und Bildinvasionen auf der Stelle zu beenden! Aber diese Möglichkeit ist so simpel, daß man sie kaum auszusprechen wagt. Wer oder was hindert uns, von ihr Gebrauch zu machen?

Subliminale Suggestion –
die unterschwellige Persönlichkeitssteuerung

In den vorigen Kapiteln wurden die zerstörerischen Wirkungen
dargelegt, die sich aus der Bewußtseinsverengung und der zunehmenden Abstumpfung der Sinne zwangsläufig ergeben, Zerstörungen der Natur und des Ökosystems der Erde, aber auch unserer
Leiblichkeit und besonders unserer Sinnesorganisation. Neuerdings zeichnet sich nun eine zweite Zerstörungswelle ab, die durch
die Gehörwahrnehmung in das Innere des Menschen dringt und
dort auf eine stille, diabolische Weise die Autonomie und Willenskraft des Ich paralysiert. Sie erregt viel weniger Aufsehen, weil sie
harmlos erscheint, ja sich sogar verführerisch sanft als Befreiung,
Lebenshilfe und Fortschritt anzubieten weiß. Im Gegensatz zu den
brutalen Reizsteigerungen äußerer Art, die fast nur bei Jugendlichen Anklang finden, wird sie sich rasch Eingang in weiteste
Bevölkerungskreise verschaffen und möglicherweise unsere Kul-
tur- und Bildungssituation von Grund auf verändern. Wiederum
wird angeknüpft an die längst vorhandene Gewohnheit der Dauer-
musikberieselung, aber die Musik dient nur als Trägermedium
und Verstärkungsmittel für gewisse sprachliche Suggestionen,
welche unter Umgehung des Wachbewußtseins möglichst tief in
das Unterbewußtsein eingeprägt werden sollen.

Superlearning und Suggestionsprogramme

Das wissenschaftliche Fundament dazu legte der bulgarische
Arzt und Psychotherapeut *Georgi Lozanov,* der in den 60er

119

Jahren herausfand, daß die menschliche Lernfähigkeit wesentlich gesteigert werden kann, wenn man während des Lernens körperlich und seelisch vollkommen entspannt ist, rhythmisch atmet, sich mit angenehmen Vorstellungen beschäftigt und eine passende Hintergrundmusik hört. In Anlehnung an das Autogene Training arbeitete er Entspannungsübungen aus, die dem Lernakt vorgeschaltet werden und die Tiefenschichten des Gedächtnisses aufnahmebereit machen, bevor der suggestiv gehaltene, musikalisch grundierte Lehrervortrag beginnt. Über die Hintergründe des Verfahrens liest man in einem Zeitschriftenartikel:

«Erste Anstöße für seine *Suggestopädie* fand er in Indien. Dort hatte er beobachtet, daß Gurus, Fakire, aber auch einfache Menschen lange Verse und Textstücke, die langsam und von Musik begleitet vorgetragen wurden, anscheinend mühelos auswendig lernten und dabei geistig und körperlich völlig entspannt waren. Eigene Untersuchungen führten ihn zu dem Schluß, daß Musik, Entspannung und Rhythmik die Lern- und Aufnahmefähigkeit des Gehirns vergrößern (beim üblichen Lernen benutzen wir nur einen Bruchteil des Gehirns). Lozanov verknüpfte seine Beobachtungen mit den neueren Erkenntnissen der Gehirnforschung: Während herkömmliches Lernen überwiegend die linke Gehirnhälfte (logisches und analytisches Denken) anspricht, will Suggestopädie das Gehirn ganzheitlich aktivieren, Phantasie und Gefühle gleichwertig am Lernen beteiligen. Der Schlüssel zu besserem Langzeitgedächtnis und Lernfreude ist die harmonische Verknüpfung von Sprache und Musik. Dadurch nämlich erreicht das Gehirn jenen geheimnisvoll anmutenden *Alpha-Zustand*, bei dem der Lernstoff angeblich mühelos in die grauen Zellen fließt. Dahinter steckt aber gar nichts Magisches, der Zustand ist einfach nach den Alpha-Wellen benannt, die das Gehirn bei entspannter Wachheit durchströmen.»[65]

Weiterführende Forschungen brachten zutage, daß auf die richtige Musik viel ankommt (Barockmusik wurde für optimal befunden); sie trägt zur Leistungssteigerung offenbar entscheidend bei. Unter der populären Bezeichnung *Superlearning* wird die Methode vor allem für den Fremdsprachenerwerb mit wachsendem Erfolg vermarktet. Spezielle Studios mit phantasievollen Namen bieten Kurse an, die nach folgendem Muster ablaufen:

«1. Das aktive Lernkonzert: Der Lehrer trägt den Stoff eindringlich vor, die Schüler lesen aufmerksam mit. Im Hintergrund ruhige Musik, meist langsame Sätze aus Barockstücken.

2. Das passive Lernkonzert: Die Schüler lehnen sich entspannt zurück und lauschen dem Text ein zweitesmal – nun im Alphazustand.

3. Die Aktivierungsphase: Das Gelernte soll geübt und gefestigt werden. Rollenspiele, Reime und Lieder verknüpfen trockenen Stoff mit Bildern und Situationen und lassen ihn so länger im Gedächtnis haften.»[66]

Kommentierend fügt der Berichterstatter hinzu:

«Die einzelnen Phasen für sich genommen nutzen wenig. Auf den Wechsel von aktiv und passiv kommt es an. Das alles ist aber noch lange keine Garantie, daß jeder, der mit Superlearning vorankommen will, die gleichen eindrucksvollen Erfolge hat. Nicht alle sind Entspannungskünstler – das will schließlich auch gelernt sein. Und ohne intensives Training geht auch bei Superlearning nichts. Wer Erfolg sehen will, sollte mindestens dreimal die Woche an den Übungen teilnehmen.»

Wem das zuviel Mühe macht, dem bietet das «Sita-Learning-System» einen bequemeren Weg, indem es die Entspannungsübungen ersetzt durch eine Maschine mit Atem-Feedback: Der Benutzer stülpt eine Lernmaske mit integrierten Kopfhörern über die Augen und bringt unterhalb der Nase einen Mikro-Sensor in Position, der elektronisch den Atemrhythmus registriert, worauf die Lernmaske durch angenehme Licht- und Ton-Stimuli den zunächst noch unruhigen Atem Schritt für Schritt zu völliger Gleichförmigkeit veranlaßt, wie sie gewöhnlich nur im Schlaf zu erreichen ist. «Tiefe Ruhe wie in einer Meditation» (so der Werbetext) tritt ein, und dann erst beginnt das musikalisch unterlegte Sprachlernprogramm von der Kassette abzulaufen.

«Der Mensch lernt am besten in körperlicher und geistiger

Entspannung. Nur so dringen die Lerninhalte tief und dauerhaft in das Unterbewußtsein. Sie werden gespeichert und können jederzeit mühelos abgerufen werden», erläutert der Firmenprospekt das neue Lernsystem und fordert den Leser auf: «Programmieren Sie Ihre Wunschsprache mühelos in Ihr Unterbewußtsein!» Man hört an den Formulierungen, von welchem Menschenbild hier ausgegangen wird: Das Gehirn als Computer und Informationsspeicher, den man nur optimal programmieren muß, um bessere Lernresultate zu erzielen. Da entbehrt es nicht der Ironie, daß große Firmen wie IBM und Audi ihren Mitarbeitern in Fortbildungskursen das Superlearning nicht nur zum Fremdsprachenlernen angedeihen lassen, sondern auch zur Schulung im Umgang mit Robotern und Computern.[67] Eigens dazu ausgebildete *Suggestopäden* (eine neue Berufssparte!) programmieren den Computer Mensch, und der programmiert dann seinerseits den Firmencomputer. Scheinbar eine ganz sachliche Angelegenheit und offenkundig sehr effektiv.

Man baut also auf der bewährten Technik unterschwelliger Beeinflussung durch funktionelle Musik auf, dreht aber den Spieß um und betreibt die Manipulation nicht heimlich, sondern klärt den Verbraucher auf über die großen Möglichkeiten, die sich aus der Manipulierbarkeit des Unterbewußtseins ergeben, und fordert ihn auf, sich diese modernsten wissenschaftlichen Erkenntnisse zunutze zu machen, sprich: sich selbst zu manipulieren. Natürlich nennt man es «programmieren», und damit beginnt schon die Suggestion: Die Freiheit der Persönlichkeit scheint gewahrt, der Lernwille wird aktiviert, und da es längst zu den Selbstverständlichkeiten gehört, sich von Musik berieseln zu lassen, fühlt man keine Hemmungen, solcherart das Angenehme mit dem Nützlichen zu verbinden.

So ist es nur konsequent, wenn andere Anbieter beim Spracherwerb nicht stehenbleiben, sondern «mehr Lebensfreude dank Suggestion und Entspannung» versprechen durch die Tonkassetten «bekannter Lebens- und Erfolgslehrer». Sie verhelfen zu besseren Leistungen, Gesundheit und Wohlergehen, tragen aber auch dem wachsenden Drang nach okkulten Erlebnissen Rechnung, wie z. B. aus einem Werbeprospekt des Fackel-Verlages zu ersehen ist, der 1986 u. a. folgende «Lebenshilfe-Kassetten von Kurt Tepperwein» offerierte:

Sofort Nichtraucher
Schlank werden und bleiben
Bessere Schul- und Prüfungsleistungen
Frei von Angst
Frei von Kopfschmerzen
Frei von Depressionen
Frei von Schlafstörungen
Richtig atmen
Wer bin ich wirklich?
Die Vollkommenheitsmeditation
Der Einweihungsweg
Schöpferische Imagination
Stille und Lichtmeditation
Christusmeditation
Heilmeditation

Der beigefügte Text erweckt den Anschein, als verfolgten die Kassetten einzig den Zweck, die Eigenaktivität des Benutzers in volle Tätigkeit zu versetzen: «Nehmen Sie Ihr Leben in Ihre Hand!» beginnt er, fügt bescheiden ein: «Wir helfen Ihnen dabei» und fährt fort: «Trauen Sie sich mehr zu. Stecken Sie Ihre Ziele höher, denn in Ihnen schlummern mehr Fähigkeiten, als Sie ahnen.» Das klingt, als sollten die ichhaften, sich selbst ergreifenden Willenskräfte des Geistes zu einer echten Selbsterziehung und okkulten Schulung wachgerufen werden, während in Wirklichkeit nichts weiter verlangt wird als willige Hingabe an die fremdgesteuerte Suggestion. So also kann die faktische Bereitschaft, sich seelisch programmieren zu lassen, umgedeutet werden in den Entschluß, energisch an sich selbst zu arbeiten. Wird der Betrug durchschaut?

Die bis jetzt beschriebenen Möglichkeiten stellen noch keineswegs den neuesten Stand der Technik dar. Inzwischen gibt es weitaus wirksamere Methoden, mit denen sich bestimmte Appelle *subliminal,* d. h. unterhalb der Bewußtseinsschwelle, direkt in das Unterbewußtsein schleusen lassen, ohne daß die kritische Instanz des Wachbewußtseins irgend etwas davon wahrzunehmen vermag. Das kann sowohl über den Gehörsinn erfolgen als auch über die Augen;[68] doch hat sich die Forschung in den USA verstärkt dem Thema der unterschwellig wirkenden Sprache zugewandt, nachdem 1980 ein Report von R. Zajonc und W. Kunst-Wilson[69] definitiv den Nachweis erbrachte, daß es tatsächlich möglich ist, durch vollkommen unhörbare Worte, eingebettet in eine Klangkulisse, Menschen in ihren affektiven Reaktionen signifikant zu beeinflussen.

Die für solche Manipulationen notwendige Technik wurde vor allem von dem amerikanischen Forscher Hal C. Becker vorangetrieben, der wohl als erster eine Apparatur entwickelte, mit der er kurze Sätze als «messages» (Botschaften) an das Unterbewußtsein einer hörbaren Musik so aufmodulieren konnte, daß sie das Ohr erreichen, vom Bewußtsein aber beim besten Willen nicht herausgehört werden können. Um die Wirksamkeit zu testen, versah er die ständig laufende Hintergrundmusik eines Supermarktes in New Orleans gebetsmühlenartig mit den Sätzen «Ich stehle nicht» (gemünzt auf Ladendiebe) und «Ich bin ehrlich» (der auch auf die unzuverlässigen Kassiererinnen zielte) und ließ das Band sechs Monate laufen. Bei den Kassiererinnen, die alle ohne ihr Wissen den subliminalen Appellen ständig ausgesetzt waren, sank der Fehlbestand in den Kassen, wie Vance Packard[70] berichtet, von wöchentlich 125 Dollar auf 10 Dollar, ging also um 92 % zurück. Die Verluste durch Ladendiebstähle verringerten sich, trotz kürzerer Verweildauer der Personen, um 75 %. Im Auftrage einer Supermarktkette, die unter hoher Personalfluktuation litt, beschallte er die Angestellten zweier Läden 11 Monate lang mit Sprüchen wie «I am careful, I am important, We are a team», worauf die Fluktuation in diesen zwei Läden um 50 % zurückging, während sie in den übrigen 60 Läden der Firma weiterhin sehr hoch blieb. Ähnlich erfolgreich verliefen Experimente, die Klinikärzte heimlich mit ihren Patienten vor der Operation durchführten, um sie psychisch zu stabilisieren. Bei Therapieversuchen mit Alkoholikern, Rauchern und Eßsüchtigen wurden ebenfalls eindrucksvolle Ergebnisse erzielt. Freilich ist auch eine Reihe von Einsprüchen zu verzeichnen, die auf mißglückte Versuche hinweisen; allerdings fällt auf, daß sie meistens von skeptischen Prüfern stammen, die die Methode an sich selbst oder anderen *mit* deren Wissen ausprobierten und zu dem Schluß kamen, die Wirkung sei gleich Null. Darüber wird weiter unten noch zu sprechen sein.

Von der verdeckten Manipulation, deren kommerzielle Nutzung nach einiger Zeit vermutlich zu Konflikten mit dem Gesetzgeber oder mit Verbraucherschutzverbänden geführt hätte, gingen Becker und andere Unternehmer schon bald über zur käuflichen Autosuggestion, mit der sich jedermann nach eigener Wahl für bestimmte Lebensprobleme konditionieren kann. Sie trafen damit genau den kommenden Trend, dem sich – wie beim Superlearning – ein großer Markt eröffnete. Die *Subliminalkassetten* wurden entwickelt, Musiktonbänder mit unhörbaren Stimulationen, von denen man sich ganz nebenbei berieseln läßt, ohne hinzuhören, und die dennoch wirken. In den USA gewinnen sie zunehmend an Beliebtheit. In der Bundesrepublik wurden sie ab 1986 eingeführt, doch haben sie auch hier gute Absatzchancen, denn ihre Vorteile gegenüber den bisherigen Suggestionstechniken liegen auf der Hand: Suggestopäden, besondere Übzeiten, entspannte Haltung und Konzentration sind überflüssig; mit dem Walkman-Hörer im Ohr geht man ungehindert seinen gewöhnlichen Tätigkeiten nach, und derweilen lernt das Unterbewußtsein seine Lektion wie im Schlaf.

Das Herstellungsverfahren wurde mit großem Raffinement

verfeinert, indem man sich mehrere Effekte gleichzeitig zunutze machte: Die Musik dient einerseits als Trägermedium für die «Botschaften», die übermittelt werden sollen. Dazu wird der gesprochene Text mit Hilfe einer komplizierten computergesteuerten Mischtechnik als schwacher Impuls genau in die Frequenzamplituden des hörbaren Klangteppichs einverwoben und somit der Hörbarkeit entzogen. Andererseits kann aber durch die Art der Musik, wie man von der funktionellen Musik und ihrer Anwendung im Superlearning weiß, die Psyche des Hörers untergründig beeinflußt werden, und daher bemühen sich die Produzenten, die Musikstücke so auszuwählen, daß ein «Synergie-Effekt» eintritt, wie es die Werbetexte nennen, d. h. daß die Wirksamkeit der unhörbaren Botschaften durch die hörbare Musik wesentlich gesteigert wird.[71] Manche Firmen lassen sogar spezielle Klangteppiche synthetisieren, die man gar nicht mehr als Kompositionen bezeichnen kann, sondern eher als eine Art Klangschaum aus süßlich schwebender Langweiligkeit, in den das Bewußtsein derart rasch und gründlich hineinschläft, daß sich die Pforten des Unterbewußtseins optimal öffnen für die Appelle, die unter der Musik verborgen hereinfluten. – Was mit alledem beabsichtigt wird, faßt ein Prospekt der Firma Gantec folgendermaßen zusammen: «Diese neuartige Aufnahmetechnik verfolgt den Zweck, mit Hilfe eines geeigneten musikalischen Hintergrundes in das Unterbewußtsein gewissermaßen eine Pipeline zu legen, die den Hörer mit thematisch sinnvollen Stimuli versorgt.»

Bekanntlich funktioniert eine Pipeline besonders effektiv, wenn das Öl unter Druck hindurchfließt. So auch hier: Die als «Botschaften» vorgesehenen Texte, die ein Sprecher im Studio vorträgt, werden in Digitaltechnik aufgezeichnet und dann – noch vor der Umwandlung in unhörbare Signale – dem «time compression» unterzogen, einer Art Zeitrafferverfahren, welches mit Computerhilfe aus allen gesprochenen Lauten jede verzichtbare Länge herausschneidet, die Pausen verkürzt und damit die Sprechdauer um mehr als die Hälfte reduziert, ohne daß Stimmhöhe und Stimmfarbe des Sprechers anders klingen oder die Verständlichkeit leidet. Nur die Art des Vortrages verändert sich: War es vorher eine ruhig gesprochene Wortfolge, die Zeit ließ zum Mitdenken und Mitfühlen, klingt das gleiche jetzt viel energischer und dringlicher, denn die Sätze werden staccatoartig gehämmert und setzen dem Hörer mit erheblichem Impetus zu. Wie so etwas im hörbaren Bereich wirkt, kann sich jeder vorstellen, der entsprechende Redepassagen schon einmal gehört hat: Man kommt nicht zur Besinnung, die Ratio wird glatt übersprungen. Hier aber prasselt das Trommelfeuer unhörbar auf das Unterbewußtsein herunter, und die Hersteller halten sich zugute, daß sie dem Hörer statt 10 nunmehr 23 wertvolle Stimuli pro Zeiteinheit zukommen lassen, und behaupten, dies habe sich als «ideale Lerngeschwindigkeit» erwiesen![72]

Um jegliche Besorgnis der Anwender zu zerstreuen, legen alle Verlage den Text der unhörbaren Botschaften in gedruckter Form bei, damit jeder sich von der Harmlosigkeit des Inhalts überzeugen kann und weiß, was ihm da eingetrichtert wird. Einige Verlage bieten sogar zwei Fassungen an: Auf der einen Seite des Tonbandes kann man den Text zusammen mit der Musik hören, auf der anderen hört man nur die Musik, die Sprache bleibt subliminal. Aber wer garantiert uns, daß der hör- oder lesbare Text identisch ist mit dem subliminalen, daß nicht etwas zugefügt oder überhaupt ein ganz anderer Text unterlegt wurde?

Bisher gibt es kein Gerät, um die eingebetteten Subliminaltexte wieder hörbar zu machen, und es ist sogar die Frage, ob es das überhaupt geben kann: Ein fachkundiges Team unter der Leitung des Bremer Medienforschers Heinz Buddemeier hat 1987/ 88 mit staatlicher Förderung ein Forschungsprojekt zur Entschlüsselung von Subliminalkassetten durchgeführt, um festzustellen, ob der Musik tatsächlich Sprache beigemischt ist und ob sie mit dem angegebenen Wortlaut übereinstimmt.[73] Bei der damals untersuchten Kassette hat sich beides bestätigt, doch mußte man feststellen, daß ein außerordentlicher Aufwand notwendig war, um auch nur diese eine Kassette eines bestimmten Herstellers wenigstens teilweise prüfen zu können; wendet der Hersteller andere Aufnahmeverfahren an oder variiert das Herstellungsverfahren geringfügig, bedarf es erneuter Forschungsarbeit, um die Sprache aus der Musik herauszufiltern. Sicher würden bei entsprechendem Einsatz technisch noch einige Fortschritte zu erzielen sein, aber daß sich daraus ein handliches Gerät zur Decodierung beliebiger Subliminaltexte entwickeln ließe, mit denen man sich privat gegen heimliche Einflüsterungen schützen könnte, ist nach Lage der Dinge nicht zu erwarten. Auch mit staatlich durchgeführten Überprüfungen ist nicht zu rechnen, wenn die Öffentlichkeit von den reichen Anwendungsmöglichkeiten subliminaler Suggestion in dauerbeschallten Kaufhäusern und Cafés, im Fernsehen und im Radio, im Kino und auf CDs weiterhin so wenig Kenntnis nimmt wie bisher. Verbote bleiben – wie bei den unterschwellig eingeblendeten Einzelbildern im Film oder Fernsehen – wirkungslos, solange es an Kontrollmöglichkeiten fehlt. Es gibt nur einen wirklich durchschlagenden Schutz gegen alle diese Angriffe: Abschalten!

Wie stark wirken Subliminalkassetten?

Auf die Musik brauche man nicht zu achten, versichern die Hersteller; man solle unbesorgt seine Arbeit verrichten und könne sogar Gespräche führen, Radio hören oder fernsehen, da Nebengeräusche erwiesenermaßen die Wirkung nicht beeinträchtigten. Allerdings sei die Wirkung noch besser, wenn man sich in entspannter Haltung ganz der Musik widme und den unhörbaren Botschaften gegenüber eine positive Haltung einnehme. Dieser Zusatz ist interessant, denn er deutet darauf hin, daß es zwei Bedingungen gibt, unter denen die subliminale Suggestion ihre volle Wirkung entfaltet: Das Bewußtsein des Hörers muß entweder von dem Hörvorgang vollständig abgezogen sein oder aber sich ihm willig hingeben. Richtet man allzuviel kritisch-waches Bewußtsein darauf oder geht sogar mit Skepsis und Zweifeln an die Sache, bleibt die Wirkung, so muß man schließen, ganz oder teilweise aus. Vielleicht erklärt das, warum manche Wissenschaftler im Selbstversuch nichts wahrnehmen konnten.

Wirkt der Zauber also nicht, wo das Bewußtsein präsent ist? Dann gäbe es immerhin einen gewissen Schutz gegen die stillen Einflüsterungen. Aber erstens ist nicht auszumachen, ob die Suggestionen bei den Wissenschaftlern im Untergrunde nicht doch gewirkt haben und lediglich vom Bewußtsein verdrängt wurden, und zweitens geben gerade solche Mißerfolgsmeldungen den Kassettenherstellern die besten Argumente an die Hand zur Beruhigung ihrer Klientel: Mit dem größten Freimut druckte z. B. die Firma Gantec[74] kritische Stellungnahmen renommierter Wissenschaftler ab, die z. T. die ganze Erfindung in Frage stellen, um damit zu beweisen, daß die Wirkung keineswegs zwanghaft bei jedem eintritt, der die Kassetten hört. Man hat also, so wird gefolgert, durchaus die Freiheit, die unhörbaren Botschaften anzunehmen oder auch nicht. Von Manipulation könne mithin keine Rede sein, und auch der Vorwurf unerlaubter Suggestion müsse zurückgewiesen werden, denn die Suggestion, die von einer Subliminalkassette ausgehe, sei keine andere als diejenige, die ein Lehrer auf seinen Schüler ausübe oder ein Werbeplakat auf den Betrachter!

In einem Zeitungsinterview[75] setzte der Geschäftsführer der Firma noch das Argument hinzu, Subliminalkassetten wirkten nicht nur nicht manipulierend, sondern sogar entmanipulierend: «Unser Unterbewußtsein ist über Jahrzehnte durch Sinneseindrücke geprägt, gewissermaßen codiert. Unsere Cassetten bewirken eine Decodierung dadurch, daß selbstbestimmte Impulse, die man sich mit der Cassetten-Musik zuführt, im Unterbewußtsein verankert werden.» Ähnlich heißt es im Katalog des Freiburger Bauer-Verlages: «Das Bewußtsein gleicht einem Computer, seine Datenbank ist das Unterbewußte ... Es gilt, die negative Codierung zu löschen und den Computer mit Positivem zu füttern.» Hier schließt sich der Teufelskreis: Erst werden die Menschen an Musikberieselung und permanente Reizüberflutung gewöhnt, so daß sie sich manipuliert fühlen müssen. Dann stellt man ihnen die glaubwürdige Diagnose, sie seien negativ codiert, und bietet großzügig an, sie von der Manipulation zu befreien, sie zu decodieren. Und womit? Mit noch stärkerer Musikberieselung und noch massiverer Codierung des Unterbewußtseins!

Das Aktionsmuster, nach dem hier operiert wird, ist aus der Drogenszene nur zu gut bekannt; es ist typisch für jegliche Sucht und signalisiert den Einstieg in totale Abhängigkeit. Bei den neuen Medien funktioniert es um so sicherer, als sich die Betroffenen in der Illusion völliger Freiheit wiegen. Sie glauben der Werbung, die dreist behauptet, Subliminalkassetten seien ein Beitrag zur Befreiung und Selbstbestimmung des Menschen, und beachten nicht, was wirklich geschieht: Zwar hängt sich der Benutzer tatsächlich aus eigenem Entschluß an den subliminalen Tropf und glaubt sich dadurch frei; aber für sein Unterbewußtsein und sein Gedächtnis bedeutet diese Infusion, der man sich, den übereinstimmenden Herstellerangaben zufolge, vier Wochen lang möglichst anhaltend aussetzen soll, eine Dauerzwangsernährung, die man andernorts als Gehirnwäsche bezeichnen würde.

Eine Gegenwehr gegen das hereinbrechende Bombardement subliminaler Appelle ist dem Lebensorganismus nicht möglich – es sei denn durch Krankheit und Depression. Und genau das scheint bei konsequenter Anwendung durchaus möglich. Sonst wäre nicht zu verstehen, warum die Verlage nach dem Vorbild pharmazeutischer Hersteller in der Gebrauchsanleitung auf unerwünschte Nebenwirkungen und mögliche Komplikationen hinweisen: «Es ist möglich, daß bei oder nach der Verwendung von Subliminals körperliche Reaktionen auftreten», heißt es z. B. lapidar am Ende einer Begleitbroschüre;[76] doch ist auch gleich eine beruhigende Erklärung zur Hand: «Solche Reaktio-

nen sind ein deutlicher Hinweis auf die Wirksamkeit der unterschwelligen Suggestionen, denn die Botschaften sind vom Unterbewußtsein verstanden worden. Nun kann es zu innerpsychi-
schen Konflikten kommen, wenn die positiven Aussagen auf die
alten Glaubenssätze treffen. In einzelnen Fällen kann aber die
Abwehr vorübergehend so stark sein, daß es dann sinnvoll erscheint, eine Zeitlang mit einem anderen, für das Unterbewußtsein leichter akzeptablen Programm weiterzuarbeiten.»

Auf den Gedanken, daß man die Kassettenberieselung auch
ganz unterlassen könnte, darf der Kunde natürlich nicht kommen.

Haben subliminale Suggestionen überhaupt eine Wirkung?

Es wird gelegentlich der Einwand erhoben, Darstellungen wie
die hier vorliegende malten eine Gefahr an die Wand, die es gar
nicht gebe, denn es sei doch wissenschaftlich längst erwiesen,
daß die sogenannte Subliminaltechnik nicht die geringste Wirkung habe und nur mit Legenden umrankt werde, um den gut-
gläubigen Konsumenten mit Placebos das Geld aus der Tasche zu
ziehen. – Wer die schier uferlose Forschungsliteratur zu dem
Thema auch nur anfänglich kennengelernt hat, wird diese Auffassung gut verstehen. Dennoch ist sie in mehrfacher Hinsicht
korrekturbedürftig:

Es trifft nicht zu, daß die Unwirksamkeit wissenschaftlich
erwiesen sei. Richtig ist vielmehr, daß in der Forschung seit
langem ein Streit entbrannt ist, ob es unterschwellige Wahrnehmung überhaupt gibt, und wenn ja, ob sie eine Wirkung hat oder
nicht. Und diese Kontroverse ist bis heute nicht entschieden;
denn die Forscher, die von der Möglichkeit subliminaler Perzeption und Stimulation überzeugt sind, können auf gesicherte Befunde verweisen, an denen nicht zu rütteln ist: Byrne z. B. hat
1959 nachgewiesen, daß durch die unterschwellige Darbietung

des Wortes BEEF als Einzelbild in einem Film der Hunger der Versuchspersonen aktiviert wurde.[77] Spence hat 1964 den Versuch mit dem Wort CHEESE wiederholt, jedoch unter erheblich verschärften Versuchsbedingungen, und fand Byrnes Ergebnisse vollauf bestätigt.[78] Weitere Experimente[79] sind dazuzustellen, so daß selbst Kritiker wie K.-F. Koeppler[80] und S. C. Dudley[81] nach gründlicher Sichtung und Überprüfung der bis 1972 bzw. 1986 vorliegenden Experimente zur unterschwelligen Beeinflussung zugeben mußten, daß es «in zahlreichen Experimenten»[82] tatsächlich gelungen ist, durch unbewußt bleibende Reize gezielt gewisse Bedürfnisse zu aktivieren und zu modifizieren. Ob es auch möglich ist, die Bedürfnisse auf ganz bestimmte Produkte zu lenken, wie es 1957 dem amerikanischen Marktforscher Vicary gelungen sein soll, der durch unterschwellige Bilder in einem Kinofilm den Kauf von Coca-Cola und Popcorn stimulierte, ist allerdings noch umstritten.[83]

Die Forschungssituation ist daher folgendermaßen zu umreißen: Es gibt zahlreiche Versuchsergebnisse, die eindeutig für die Möglichkeit einer unterschwelligen Beeinflussung sprechen. Diese Resultate werden als solche von den Gegnern subliminaler Perzeption nicht geleugnet, doch zweifeln sie, ob die Experimente richtig gedeutet worden sind, und bemühen sich um den Nachweis, daß sogenannte unterschwellige Stimulation in Wirklichkeit doch durch irgendeine überschwellige (bewußte) Wahrnehmung verursacht sei – ohne freilich ihrerseits dafür unwiderlegliche Beweise präsentieren zu können. Infolgedessen hat sich die Diskussion weithin in reinen Definitionsproblemen verfangen, die nach Einschätzung von Kennern der Materie[84] letztlich auf einen Glaubenskrieg zweier psychologischer Strömungen oder Weltanschauungen hinauslaufen. Man kann also in der Frage subliminaler Beeinflussungsmöglichkeiten allenfalls von einem Patt der gegensätzlichen Standpunkte sprechen, keinesfalls aber von erwiesener Unwirksamkeit. Hinzu kommt, daß die bisherige Forschungsdiskussion speziell für die Subliminalkassetten wenig relevant ist, aus zwei Gründen:

1. Die Kontroverse hat sich im wesentlichen an optischen Versuchen entzündet. Ob für den Hörsinn die gleichen Bedingungen gelten oder ganz andere, ist noch gar nicht untersucht worden. Jürgen Strube hat in seinem Forschungsbericht[85] zu Recht vor einer unzulässigen Übertragung auf den akustischen Bereich gewarnt: «Da die überwiegende Zahl der Arbeiten sich mit visuellen Experimenten beschäftigt, wird von der Deutung dieser Arbeiten das Urteil über unterschwellige Wahrnehmungen insgesamt wesentlich bestimmt. Daß möglicherweise zusätzlich ein bedeutsamer Unterschied zwischen der Wirkung von Seheindrücken und Höreindrücken bestehen kann, wurde in der durchgesehenen Literatur nicht problematisiert.» (S. 112)

2. Bei einer Durchsicht der Forschungsliteratur kommt man mit Strube zu der überraschenden Feststellung, daß neben den älteren Berichten von Kassettenherstellern neuere wissenschaftliche Untersuchungen der Wirkung von Subliminalkassetten oder vergleichbarer Medien offenbar nicht vorliegen, und erst recht keine Untersuchungen darüber, was der von den Herstellern geforderte massive Einsatz (stundenlanges Hören derselben Kassette täglich über vier Wochen hin) bewirkt. Von wissenschaftlicher Widerlegung kann also keine Rede sein.

Angesichts dieser Situation scheut sich Strube nicht, allgemeine Überlegungen, Alltagserfahrungen und eigene Erlebnisse heranzuziehen, die es wahrscheinlich machen, «daß in Musik versteckte Suggestionen verstanden werden könnten» (S. 115), angefangen bei der Tatsache, daß im Gegensatz zu den Augen das Gehör ständig geöffnet ist und Höreindrücke bekanntlich physiologische Wirkungen haben können bis hin zu Krankheiten, über interessante Phänomene wie «Ammenschlaf» und selektives Hören bis hin zu den konkreten Erfahrungen einzelner Menschen, denen die psychische Wirkung subliminaler Suggestion am eigenen Leibe erlebbar wurde – Beobachtungen also, die nicht im strengen Sinne als wissenschaftliche Beweise gelten können, immerhin aber deutlich machen, daß die *Möglichkeit* einer realen Beeinflussung nicht auszuschließen ist.

Dieser Befund muß uns genügen, um unsere Entscheidungen zu treffen. Denn wenn auf Grund der Indizien, vor allem aber auf Grund schon vorliegender Fälle, in denen Subliminalkassetten unübersehbare Wirkung hatten, mit der Möglichkeit einer unterschwelligen Beeinflussung gerechnet werden muß, dann ist es berechtigt, in der Praxis präventiv davon auszugehen, daß Subliminalkassetten tatsächlich wirken. Mit der Bekämpfung möglicher Gefahren müssen wir nicht warten, bis die Wissenschaft ihr endgültiges Urteil gesprochen hat.

Im übrigen wäre es kurzsichtig, zur Beurteilung des Mediums Subliminalkassette ausschließlich auf die Wirkungsfrage zu blicken. Die leidenschaftlich geführte Diskussion darüber läßt vergessen, daß Subliminalkassetten auch dann etwas bewirken, wenn sie gar nicht wirken: Jeder, der Subliminalkassetten erwirbt, in der Meinung oder Hoffnung, dadurch auf eine rein technische Weise höchst bequem Veränderungen seines eigenen Wesens zu erreichen, die er sonst nur mit enormem Willenseinsatz und harter Arbeit an sich selbst erreichen könnte, akzeptiert damit stillschweigend die Behauptung, der Mensch sei hinsichtlich seiner seelischen Eigenschaften nichts anderes als ein programmierbarer Computer. Mit jeder verkauften Kassette verbreitet sich dieses Menschenbild immer weiter und weiter und gräbt sich in die Lebensgewohnheiten ein. Pressemeldungen[86] sprachen 1990 schon von 250 Millionen Subliminalkassetten, die in den USA jährlich verkauft würden!

Hätte jemand die Absicht, den Menschen ihr eigenständiges Ich auszureden und sie allmählich davon zu überzeugen, daß Freiheit darin besteht, den eigenen Willen *nicht* anzustrengen, dann hätte er in den Subliminalkassetten, selbst wenn sie nur ein Placebo wären, ein überaus wirksames Mittel; denn solange sie verkauft und konsumiert werden, verändern sie, ob wir wollen oder nicht, allein schon durch ihre Akzeptanz die geistigen Grundlagen unserer Kultur, die bisher noch (wenigstens verbal) von der Freiheit und dem Selbstbestimmungsrecht des Menschen ausgeht. Wo bleibt die Autonomie und Würde des Individuums, wenn der Mensch immer mehr als eine außengesteuerte Reiz-Reaktions-Maschine angesehen wird und sich auch so verhält?

Hier liegt die wirkliche Gefahr, von der der Placebostreit nur ablenken kann. Von hier aus ist aber auch ein tieferes Verständnis zu gewinnen, warum die wissenschaftliche Forschung sich über die Wirkungsfrage so heillos zerstritten hat: Ihr Dilemma ergibt sich, wie J. Strube treffend herausgearbeitet hat, daraus, daß sie von der Existenz eines autonomen Ich nichts weiß oder wissen will und doch immer wieder auf die geistige Realität des Ich stößt. Die meisten Wissenschaftler setzen nämlich, den Axiomen der Verhaltensforschung folgend, bewußt oder unbewußt voraus, der Mensch bzw. seine Psyche sei im Prinzip ein Automat, und dementsprechend richten sie ihre Experimente ein: «Solche Experimente sind aufgebaut nach einem Schema, bei dem man sich die Versuchsperson als einen Kasten mit unbekannter Reaktionsweise vorstellt, der von außen mit Reizen beschickt wird und dessen Reaktionen beobachtet werden. Es ist das bekannte Black-Box-Modell, das in der Informationstheorie, der Automatentheorie, in der Nachrichtentechnik usw. von Bedeutung ist.» (S. 119) Die Wirklichkeit ist dann aber oft eine ganz andere: Das Ich als ein geistig souveränes Wesen verfügt über die Kraft der Aufmerksamkeit, die es willkürlich lenken oder auch unterlassen kann, und dadurch entzieht es sich der Berechenbarkeit; die für einen wissenschaftlichen Beweis unabdingbare Reliabilität des Experiments ist nicht zu erreichen.

Die Verwirrung wird dadurch gefördert, daß es Bereiche gibt, in denen derselbe Mensch, der sich anderswo als autonomes Wesen betätigt, durchaus automatenhaftes Verhalten zeigt, so daß sich die Automatenauffassung ebensogut auf Tatsachen stützen kann wie die gegenteilige Auffassung von einem freien Ich. Doch ist der Widerspruch nur ein scheinbarer: «Beide Anschauungen können durch das menschliche Verhalten eine Bestätigung finden. Als Mensch hat man die Möglichkeit, den freien Willen nur schwach wirksam werden zu lassen, mehr schlafend zu handeln. Dann treten die Gewohnheiten hervor, und es erscheint tatsächlich so etwas wie ein automatenhaftes Handeln. Man kann sich aber auch seiner Fähigkeiten bedienen und in der sinnlichen Umgebung und in dem, was in uns antwortet, bisher Unbeobachtetes entdecken. Dies kann zu neuen Handlungen und Steigerung der Fähigkeiten führen. Die Aufmerksamkeit kann dem Interesse und den Erkenntnissen gemäß gelenkt und durch Wahrnehmung das Bewußtsein von den äußeren und inneren Dingen fortgesetzt gesteigert werden. Man kann annehmen, daß gerade diese Seite des Menschen heute durchaus noch nicht vollständig entwickelt ist und hier eine Gegenwartsaufgabe liegt. Gleichzeitig droht diese mögliche Entwicklung wieder verschüttet zu werden, wenn man ihr nicht mehr Beachtung schenkt.» (S. 120)

Geht man davon aus, daß in der Sinneswahrnehmung eine Tätigkeit des menschlichen Ich zu sehen ist, dann ist es müßig, auf einen stringenten, jederzeit reproduzierbaren Nachweis für die Möglichkeit subliminaler Beeinflussung zu hoffen: Er würde, um den Absolutheitsansprüchen der Kritiker zu genügen, einen völlig automatenhaften Reiz-Reaktions-Mechanismus voraussetzen *müssen* und damit an der Wirklichkeit des Ich vorbeigehen, dem es freisteht, sich automatenhaft zu verhalten oder eben nicht.

Aus alledem ergibt sich als Fazit für die Wirkungsfrage: Prinzipiell ist mit der Möglichkeit unterschwelliger Einflußnahme auf den Menschen durch Subliminalkassetten zu rechnen; doch tritt diese Wirkung mit Sicherheit nicht so zwanghaft-absolut ein, daß sich ihr niemand entziehen könnte. Andererseits wird die Wirkung um so größer sein, je weniger aktiv unser Ich sich betätigt.

Eine gewisse Abwehr gegen subliminale Suggestionen scheint also möglich, wenn es uns gelingt, den Sinnesvorgang mit genügender Wachheit und Bewußtheit zu durchdringen. Das mag zunächst beruhigend klingen, ist es aber nicht: Die Abstumpfung der Sinne schreitet fort, und wir alle sind davon mehr oder weniger betroffen. Können wir uns gewiß sein, überall und jederzeit so vollbewußt wahrzunehmen, daß wir keinerlei Angriffsflächen bieten für heimliche Einflußnahme? Doch selbst wenn wir für uns persönlich nichts zu fürchten hätten und darauf vertrauen könnten, daß die Suggestionen ausschließlich auf den eine Wirkung haben, der bereit ist, sich ihnen hinzugeben, dürfte uns das nicht beruhigen; denn bei allen, die gewöhnt sind, mit Tranquilizern und Vitaminpräparaten, Schlaftabletten und Weckaminen sich selbst zu manipulieren, ist diese Bereitschaft längst vorhanden – und das sind Millionen!

Subliminals für Erziehung und Unterricht?

Die Einführung der Subliminalkassetten auf dem bundesdeutschen Markt erfolgt mit ziemlichem Geschick. Firmen wie die mehrfach erwähnte Gantec passen ihre Werbung gezielt der Mentalität gehobener Käuferschichten an, indem sie sich betont wissenschaftsorientiert geben, auf das fachmännisch fundierte Herstellungsverfahren hinweisen und immer wieder einfließen lassen, daß es in ethisch einwandfreier Art um Selbstbestimmung und Selbstkontrolle gehe. Durch den Abbau negativer Verhaltensweisen und den systematischen Aufbau erwünschter Eigenschaften wolle man dem Verbraucher gefahrlos eine neue Dimension moderner Lebensgestaltung erschließen: die positive Veränderung des eigenen Selbst. Hilfe zur Selbsthilfe lautet die Losung. Folgerichtig umfaßt das Angebot, wie bei den Suggestionskassetten, die Themen Selbstvertrauen, Konzentration, Kreativität, Anti-Streß, Erfolg im Leben, Wohlstand, Schlankheit, Partnerglück usw. Das sind die Vorzeigethemen, mit denen man therapeutischen Anspruch dokumentiert und das zwielichtige Odium von Hypnose und Magie zu zerstreuen sucht.

Kein Zweifel, dieses seriöse Aushängeschild wird der Subliminaltechnik die Wege ebnen, und vielleicht greift sie im medizinisch-therapeutischen Bereich schon bald um sich, indem Kassetten mit dem Wissen und ausdrücklichen Einverständnis des Patienten vom Arzt oder Zahnarzt verwendet werden, sozusagen als chemiefreies Sedativum, oder vom Psychiater und Logopäden zur Regulierung seelischer Störungen, vom Rehabilitationsfachmann zur Stimulierung der Selbstheilkräfte etc. Gegen dieses offene Verfahren wird man rechtliche und moralische Bedenken schwer geltend machen können. Entsprechendes gilt, wenn progressive Manager sich für 970 DM von Gantec ein Spezialprogramm für die persönliche Karriereplanung oder intime Charakterprobleme individuell anfertigen lassen, wie es die Firma offen anbietet.

Wie steht es aber mit der unfreiwilligen Beschallung unwissender Hörer? 1987 verhandelte Gantec[87] bereits mit Kaufhauskonzernen über den Einsatz unhörbarer Anti-Diebstahl-Programme, freilich unter der Bedingung, daß der Käufer durch ein Hinweisschild am Eingang auf die «tiefenpsychologische Überwachung» der Verkaufsräume hingewiesen wird. Nur fragt sich, wie hier Mißbrauch ausgeschlossen werden kann, wenn die Texte unwahrnehmbar bleiben und geeignete Decoder-Geräte vorläufig nicht zu erwarten sind. Wer schützt den Restaurantkunden vor unerlaubter Beeinflussung beim Essen, den Radio- oder Fernseh-Hörer vor politischer und kommerzieller Geheimwerbung, den Strafgefangenen vor heimlicher Zwangserziehung, die Patienten psychiatrischer Krankenhäuser vor musikalischer Sedierung, die Disco-Besucher vor Animation zur Rauschgifteinnahme?

Man mag das als Schwarzmalerei abtun. Nicht wegzuwischen ist jedoch die Tatsache, daß in den USA schon seit Jahren dafür geworben wird, Subliminalkassetten auf die allerwehrlosesten und zugleich empfänglichsten Opfer loszulassen: auf die Kinder. Da werden z. B. Einschlafprogramme und Kassetten gegen Bettnässen angeboten, und das ist sicherlich nur der Anfang eines reichen Anwendungsspektrums für alle Arten von Unbequemlichkeiten, die Kinder ihren Eltern bereiten können. Doch auch für «positive» pädagogische Programme ist gesorgt: Ein bundesdeutsches Unternehmen ermuntert die Verbraucher zu «Moderner Kindererziehung» durch Kassetten gegen Schulstreß, für positive Erziehung, Freude am Lernen usw.[88] Der Gedanke liegt nicht fern, daß in naher Zukunft verantwortungsbewußte Erzieher der ehrlichen Überzeugung sein werden, ihren Zöglingen etwas Gutes zu tun, wenn sie ihnen eine gründliche moralische oder sogar religiöse Erziehung per Kassette zukommen lassen, sie durch Spezialprogramme zum sauberen Charakter, tüchtigen und lebensbejahenden Menschen heranwachsen lassen und gelegentlich die Prüfungsleistungen durch eine Aufmöbelungskassette verbessern. Rechtlich wird auch hier wenig auszurichten sein, weil alles unter dem Siegel des verfassungsmäßig garantierten Erziehungsrechtes der Eltern sich abspielen kann.

Schließlich ist damit zu rechnen, daß die Kassetten in den Unterricht einziehen werden, wenn die Technik demnächst so weit fortentwickelt ist, daß Superlearning ganz auf subliminaler Basis stattfinden kann. Dann wird sich ernstlich die Frage stellen: Wozu noch konventioneller Fremdsprachenunterricht, wozu strapaziöse Lernfächer? Alles, was an Vokabeln, Lehrsätzen, Formeln und Fakten gedächtnismäßig gepaukt werden muß, könnte die neue Technik übernehmen, der Lehrer kontrolliert nur noch die Ergebnisse, der Unterricht ist entlastet, kann sich auf Wesentlicheres konzentrieren und braucht weniger Wochenstunden. – Sicher würde ein derartiger Vorstoß erhebliche Diskussionen auslösen. Aber gegen das Argument nachweislich höherer Effizienz wird jeder Einwand letztlich verstummen müssen, solange unter Lernen die Aneignung von Wissen und Verhaltensmustern verstanden wird. Nur wer seinen Lernbegriff bis in die Praxis hinein auf die Existenz und Tätigkeit eines in Entwicklung begriffenen geistigen Wesenskernes im Menschen gründet, wird der Abstempelung der Persönlichkeit zum geistlosen Computer etwas entgegenzusetzen haben.

In den Gebrauchsanleitungen für Subliminalkassetten findet man stets gleichlautend den Hinweis, die vorliegende Kassette entfalte ihre volle Wirkung erst dann, wenn man sie 28 Tage bzw. vier Wochen lang regelmäßig höre. Diese Zeitangabe scheint nicht willkürlich gewählt; vielmehr machen die Hersteller offenkundig Gebrauch von neuesten Erkenntnissen der Chronobiologie: Den der Menses der Frau zugrundeliegenden 28-Tage-Zyklus hat man überraschend auch in ganz anderen Stoffwechselprozessen des menschlichen Körpers[89] sowie in den Fortpflanzungsprozessen einer Reihe von Tierarten[90] nachweisen können, woraus der Schluß zu ziehen ist, daß es sich um einen fundamentalen biologischen Rhythmus handelt, der mit der Regeneration der Lebenskräfte höherer Organismen zusammenhängt. Die naturwissenschaftliche Forschung bestätigt damit die aus der okkulten Forschung Rudolf Steiners schon lange bekannte Existenz eines autonomen Zeit- oder Bildekräfte-Organismus, der nicht nur den Leibesaufbau und die Stoffwechselvorgänge steuert, sondern auch der Träger des Gedächtnisses ist. Daher spielen die physiologischen Rhythmen in den Lernvorgang hinein: 28 Tage sind notwendig, um das zu Lernende gründlich «einzuverleiben».

Ist es, weil hier in die Lebensvorgänge eingegriffen wird, berechtigt, von einer Manipulation zu sprechen? Die Kassettenproduzenten würden den Vorwurf weit von sich weisen, mit dem Argument, daß ja auch jeder andere Unterricht notwendigerweise mit bestimmten psychischen und physiologischen Gesetzmäßigkeiten operieren müsse, und wenn man diese zur Steigerung des Lernerfolgs einsetze, dann sei das keine Manipulation, sondern eine wissenschaftlich fundierte Verbesserung und Fortentwicklung der bisherigen Lernmethoden. Sind Einwände gegen die subliminale Suggestion demnach nur als Vorurteile zu werten, als Technikfeindlichkeit der ewig Gestrigen, die sich dem wissenschaftlichen Fortschritt entgegenstellen?

Blicken wir noch einmal auf die funktionelle Musik zurück, von der die Entwicklung ausging. Die weiter oben zitierte Zusammenfassung der Forschungsergebnisse von Gerhart Harrer[91] steht nicht ohne Grund in dem Lehrbuch «Grundlagen der Musiktherapie und Musikpsychologie», denn was die medizinisch-naturwissenschaftliche Exploration da an feinen und feinsten Wirkungen auf das menschliche Vegetativum herausgearbeitet hat, gibt dem Musiktherapeuten großartige Möglichkeiten an die Hand, nicht nur tastend-intuitiv, sondern wissenschaftlich gezielt auf Leib und Seele des Patienten tiefgreifende Wirkungen auszuüben, die den Heilungsprozeß beschleunigen. Je weiter dieses Instrumentarium verfeinert wird, desto mehr eröffnen sich neue, zukunftsweisende Bereiche ärztlicher und therapeutischer Tätigkeit, die gewiß als großer Fortschritt zu begrüßen sind. Aber was dem Patienten zur Heilung verhilft, läßt sich nicht weniger gut dazu verwenden, gesunden Menschen ohne ihr Wissen und Wollen ein Befinden aufzuzwingen, welches den finanziellen Interessen des Anwenders förderlich ist, sei es, daß man sie zum längeren Verweilen im Kaufhaus veranlaßt, sei es, daß ihre körperlichen Kräfte für den Arbeitsprozeß mobilisiert werden, sei es, daß ihre Emotionen kanalisiert werden usw. Auch hier geschieht nichts anderes als die Anwendung neuer wissenschaftlicher Erkenntnisse, und dennoch wird der Vorgang in der Regel als Manipulation empfunden, weil man sich ihm nicht freiwillig aussetzt. Liegt also der Unterschied zwischen Therapie und Manipulation lediglich in der Freiwilligkeit oder Unfreiwilligkeit des Wirkungsempfangs? Die käufliche Autosuggestion wäre dann in jedem Falle als Therapie einzustufen.

Indes genügt es nicht, die Frage allein von der Seite des Empfängers her zu beurteilen, es gehört auch die Motivation des Anbieters dazu. Denn sonst wäre alles, was ein Erwachsener mit Kindern tut, automatisch Manipulation: Von Natur aus können Kinder gar nicht anders, als sich mit rückhaltloser Hingabe allem zu öffnen, was auf sie zukommt. Ihre Bereitschaft, sich beeinflussen zu lassen, beruht nicht auf entwickelter Urteilskraft und ist insofern nicht der «Freiwilligkeit» eines mündigen Bürgers gleichzusetzen. Entscheidend ist hier, mit welcher inneren Einstellung der Erwachsene an das Kind herantritt: Nutzt er dessen freudige Bereitschaft zum eigenen Vorteil aus, genießt er die Macht, die er über das kleine Wesen hat, preßt er ihm seine eigenen Vorstellungen auf und sieht in ihm nur ein zurechtzuschleifendes Objekt seiner Willkür, dann mißbraucht er das Vertrauen des Kindes in der schmählichsten Weise. Versucht er hingegen, selbstsüchtige Motive so weit wie möglich zurückzustellen und ganz auf das einzugehen, was das Kind aus seiner Veranlagung heraus an Schwierigkeiten und Einseitigkeiten, an gesundheitlichen und seelischen Problemen, aber auch an Begabungen und Möglichkeiten mitbringt, setzt er sich zum Ziel, das Kind liebevoll zu fördern und in seiner Entwicklung nach Kräften voranzubringen, ohne den Anspruch, daß es genauso werden müsse wie er selbst, dann ist der Einfluß, den er ausübt, nicht nur berechtigt, sondern sogar heilsam und notwendig, weil er dem Kinde hilft, seinen eigenen Weg zu finden. Jedes Kind braucht Anregung und Vorbild, Formkraft und Führung, um sich in gesunder Weise entfalten zu können, und diese Hilfe wird umso größer sein, je differenzierter der Erwachsene die Mittel der Erziehung und des Unterrichtes zu handhaben weiß.

Jede Forschung, die neue Erkenntnisse bringt über die Gesetzmäßigkeiten der kindlichen Leibes-, Seelen- und Geistesentwicklung, kann zur Verfeinerung der Erziehungkunst beitragen und dem Kinde selbst zugute kommen. Allerdings wächst in gleichem Maße die Gefahr des Mißbrauchs, nicht anders als bei sonstigen Fortschritten wissenschaftlicher oder technischer Art, die nur dann ungefährlich bleiben, wenn die Benutzer zuvor schon mindestens genausogroße Fortschritte in ihrer moralischen Entwicklung gemacht haben. Es hängt also alles davon ab, aus welcher Gesinnung heraus die Mittel angewendet werden. Dieselbe Technik, die ein Arzt für lebensrettende Eingriffe an seinen Patienten ersinnt, könnte er auch zu deren Vernichtung gebrauchen. Das zu tun, verbietet ihm sein ärztliches Ethos; das heißt, er hat sich selbst die Verpflichtung auferlegt, alle seine Künste nur zum Wohle des Patienten einzusetzen, und hat das vor Beginn seiner Tätigkeit durch den Hippokratischen Eid bekräftigt. Ein entsprechender Eid für andere Berufssparten ist bisher nicht zur Sitte geworden, und man hat sich deshalb die ernste Frage zu stellen: Bleibt es dem Zufall überlassen, ob jemand, dem hochwirksame Mittel an die Hand gegeben sind, das notwendige Verantwortungsgefühl und die rechte Gesinnung besitzt oder nicht? Und wenn ja, woher schöpft er dann seine ethischen Grundsätze? Stützt er sich nur auf sein Gefühl oder auf traditionelle Werte, auf religiöse Gebote und Dogmen? Wird er damit gegen alle Versuchungen der modernen Technik ausreichend gewappnet sein, oder kann man etwas tun, um die notwendige Moralität bewußt aufzubauen und fortlaufend zu vertiefen?

Der moderne Mensch erwartet zu Recht, daß neue Fähigkeiten, die er sich aneignen soll, nicht auf irrationale, undurchschaubare Gefühlsregungen gegründet werden, sondern auf klare Erkenntnis. So aber, wie die exakte Naturwissenschaft heute beschaffen ist, läßt sich auf sie keine neue Moralität aufbauen, nicht, weil es am guten Willen der Wissenschaftler mangelt, sondern weil es die Methode dieser Wissenschaft nicht erlaubt. (Näheres dazu wurde schon im ersten Kapitel ausgeführt.) Wenn man alles Geistig-Seelische in den Bereich der Subjektivität verbannt und nur das Leiblich-Biologische als Forschungsobjekt gelten läßt, dann muß man den Menschen als eine Skinnersche Ratte oder einen Pawlowschen Hund betrachten, deren Verhalten man durch Reizstimulierung steuern und konditionieren kann, oder als einen komplizierten Computer mit Datenbank, den es zu programmieren gilt. Ein vernünftiger Grund, dieses Wesen höher zu ehren und zu achten als ein Tier oder eine Maschine, besteht nicht. Die in unserem Grundgesetz verankerte «Würde des Menschen» bleibt eine leere Floskel, solange man in der Praxis von einem Menschenbild ausgeht, in welchem die

Individualität als ein eigenes Wesen gar nicht vorkommt, sondern nur ein aus den Faktoren Milieu und Vererbung zusammengewürfeltes Zufallsprodukt.

Erst, wenn wir die rein geistige Natur des Ich anerkennen und durch eine neue Wissenschaft vom Geiste erfahren, wie das Ich als innerster Wesenskern der Persönlichkeit aus höheren Welten herabsteigt und sich in die von den Eltern vorgegebene leiblich-seelische Hülle inkarniert, sie immer mehr durchdringt und bis in die chemische Struktur des Blutes hinein zu einem individuellen Instrument gestaltet, das ihm erlaubt, die aus vorgeburtlichen Sphären mitgebrachten Schicksalswege und Lebensentschlüsse zu verwirklichen, erst dann kann in uns etwas wie Ehrfurcht oder sogar Demut vor dem anderen Menschen aus begründeter Einsicht entstehen. Nimmt man eine solche Auffassung ernst – und wer unbefangen Kinder beobachtet, findet nichts, was dem widerspräche, sondern im Gegenteil immer mehr und mehr Bestätigung –, wird man den mechanistischen Lernbegriff verwandeln müssen, indem man sich sagt: Wie jedes geistige Wesen ist das Ich des Menschen reine Dynamik, reiner Wille, unentwegte Tätigkeit, die sich nach außen richtet, sich mit der Welt und den Leibeshüllen auseinandersetzt, zu sich selbst zurückkehrt, erneut sich seiner Umgebung zuwendet und so in einem ständig atmenden Austausch lebt, lernt, Erfahrungen macht. Es steht uns nicht an, dieses Wesen zu belehren oder gar zu programmieren. Das einzige, was wir berechtigterweise tun dürfen, ist, ihm dazu zu verhelfen, daß es sich selbst belehrt. Das aber bedeutet: Jeder Lernvorgang, der sich nicht ausdrücklich an die Eigenaktivität des Ich wendet und nicht sie anzuregen versucht, sondern das bewußte Ergreifen des herangebrachten Lernstoffes verhindert, indem er die hellwache Perzeption umgeht, ist als Manipulation zu betrachten, als ein Eingriff in die Freiheit des Ich.

Dabei muß man bedenken, daß das von Inkarnation zu Inkarnation weiterschreitende eigentliche Ich nur teilweise in unser Bewußtsein tritt. (Rudolf Steiner nennt den bewußten Teil, den wir im Alltag, solange wir wach sind, als unsere Persönlichkeit empfinden, das niedere Ich, während das höhere Ich weitgehend außerhalb des Leibes und daher dem gewöhnlichen Bewußtsein unzugänglich bleibt.) Infolgedessen fühlen sich Menschen, die sich subliminale Suggestion aus eigenem Antrieb zuführen, nicht zwangsläufig in ihrer Freiheit beeinträchtigt, und doch geht es ihnen auf Dauer wie den Raumfahrern, die sich der Schwerelosigkeit im Weltall aussetzen: Sie haben keine Gelegenheit mehr, ihre Muskeln anzustrengen, um die Widerstände der Gravitation zu überwinden, und diese schwebende Mühelosigkeit führt dazu, daß ihre Muskeln sich zurückbilden und die Knochen für irdische Belastungen untauglich werden. Wer den Menschen wirklich therapeutisch fördern will, fordert seine Aktivität heraus, mutet ihm Auseinandersetzung, Mühe und Arbeit zu, indem er ihn supraliminal, nicht subliminal anspricht.

Angriffe auf das Menschsein

Daß die subliminale Beeinflussung des heutigen Menschen durch Lärm- und Musik-Emissionen, freiwillige sowohl wie unfreiwillige, nicht nur als irgendeine Zivilisationsschädigung unter vielen anderen abgetan werden darf, sondern als massiver Angriff auf das Zentrum der Persönlichkeit zu werten ist, ja sogar als eine schrittweise Entpersonalisierung, wurde von sachkundigen Beobachtern längst in aller Schärfe öffentlich hervorgehoben. Georg Picht z. B. formulierte schon 1972: «Die Unwiderstehlichkeit des Bedürfnisses nach Musik erweist sich im schrankenlosen Massenkonsum der von den Medien verbreiteten Musikkonserven. Sie interessieren hier nicht als ästhetisches, sondern als massenpsychologisches Phänomen. Die moderne Gesellschaft konsumiert Musik als Droge; wüßten wir über dieses ungenügend erforschte Gebiet besser Bescheid, so würden wir vermutlich erkennen, daß die Musikdroge für unsere psycho-physische Konstitution ebenso gefährlich ist wie jene Drogen, die unter die

Strafgesetzgebung fallen. Wie immer man das beurteilen mag, jedenfalls ist evident, daß die passive Auslieferung an affektive Manipulation, die heute zum Normalverhalten des Durchschnittsbürgers geworden ist, die Fähigkeit zu Freiheit und Verantwortung im Untergrund des Bewußtseins, und deshalb um so wirksamer, bedroht. Musik, die an die affektive Haltlosigkeit der Massen appelliert, ist, wie die Diktatoren wissen, ein nahezu unwiderstehliches Mittel, die Kritikfähigkeit des gesellschaftlichen Bewußseins zu zerstören ...

Es gibt nur *eine* wirksame Gegenwehr gegen die entpersonalisierenden Mächte der Drogenmusik: die Entwicklung der Fähigkeit zu kritischem Hören und die Freisetzung des Vermögens, selbst Musik zu machen.»[92]

Am Ende seines 1985 erstmals erschienenen Buches «Die Vertreibung der Stille» sieht Rüdiger Liedtke[93] die Dehumanisierung als den Kern des Problems der gesamten Schallüberreizung, die man für geradezu generalstabsmäßig geplant halten möchte, wenn man ihre Wirkungen zusammensieht:

«Die meisten Menschen fügen sich der musikalischen Dauerbeschallung, akzeptieren die akustische Glocke als unabwendbares Übel, verdrängen sie vielleicht und begeben sich mit dieser Gedankenlosigkeit in die Abhängigkeit derer, die sie manipulieren wollen und können. Die fremdbestimmte Dauerberieselung stumpft immer mehr ab, verkleistert das Hirn für politische, gesellschaftliche und kulturelle Sensibilität, macht immer unkritischer und blind systemkonform. Die Dauerbeschallung steht so einem kritischen und mündigen, selbstbestimmenden und gebildeten Staatsbürger entgegen, ja, sie scheint ihn geradezu verhindern zu wollen. Die Dauerberieselung außerhalb der funktionellen Musik – in Radio und Fernsehen beispielsweise – tut ihr übriges. *Dallas, Denver* oder *Dalli Dalli* führen sicherlich nicht zu kritischem Bewußtsein, sondern verkleistern die Sinne da weiter, wo die fremdbestimmte funktionelle Musik einen nicht mehr erreicht, nämlich daheim in den eigenen vier Wänden.

Die Dauerberieselung führt auch zu einschneidenden Konsequenzen für den einzelnen, von der akustischen Glocke beschallten Menschen. Er hat immer größere Probleme mit seiner eigenen Identität; unkontrollierte Musikbeeinflussung – ob fremd- oder selbstbestimmt – führt zur Entfremdung, zur Dehumanisierung, zu Apathie, Denkschablonen und einem kulturmoralischen Wertezerfall, zu einer Uniformierung des Geschmacks . . .

Wen wundert es eigentlich noch, daß durch diese permanente Berieselung die Menschen immer gefügiger, willenloser und manipulierbarer werden und daß diese Entwicklung von Politikern, Managern und Machtstrategen in immer schamloserer Form ausgebaut und ausgenutzt wird? . . . Oft hat es den Anschein, als käme dies denen gerade recht, die von der akustischen Glocke profitieren, sei es aus reinem Profitdenken oder dahingehend, einen Bürger zu produzieren, der einfach nicht mehr widerspricht.» (S. 232 ff.)

Es ist offenkundig: Der Vereinnahmung des Menschen durch Bilderflut und Dauerbeschallung wohnt eine ungeahnte Zerstörungskraft inne. Sie lähmt nicht nur unsere Sinnesaktivität und treibt die Erlebnissucht bis zur Vernichtung des Sinnesorgans oder sogar des ganzen Leibes, sie zerstört den Menschen auch von innen her, untergräbt seine seelische Gesundheit und zerrüttet seine geistige Selbständigkeit, bis er schließlich nicht mehr Mensch zu sein glaubt, wenn ihm Schallinfusionen und Klangtapeten, Nervenkitzel und Medienspektakel fehlen. Dann werden Stille und besinnliche Ruhe als Störung des Wohlbefindens erlebt, und man beginnt zu lieben, was einen zerstört. Die schleichende Selbstzerstörung wird zum Genuß.

Dann aber ist es auch so weit, daß die Dehumanisierung, die vorher in der Methode verborgen lag, offen zutage treten kann, selbst zum Inhalt der Medien werden darf, ohne auf nennenswerten Widerstand zu stoßen. Sie zeigt sich ungeschminkt in den Gewaltorgien und Brutalitäten, die über den Bildschirm flimmern, in Kriegsverherrlichungen und Horrorszenarien, in ekelerregenden Menschenschlächtereien auf Videofilmen, aber auch in dem höllischen Lärm von Rockfestivals und Diskotheken sowie in dem «Türkenschießen» rassistischer Computerspiele in Kinderhand.[94] Und wieder kommt – wie bei den Subliminalkassetten – von wissenschaftlicher Seite der Einwand, die Sache habe gar nichts zu bedeuten, sei in der Praxis wirkungslos, ein Kausalnexus zwischen Brutalisierung der Medien und Brutalisierung der Jugendlichen sei nicht nachweisbar, ja viele Gründe sprächen sogar dafür, daß solche Gewaltdarstellungen als Abhärtungstraining zum seelischen Überleben in der grausamen Realität unentbehrlich seien, ein ungefährliches Ausleben der Aggressionen in der Phantasie ermöglichten, und so fort. Das mag glauben, wer will. Der unbefangene Blick stellt fest: Auf der einen Seite der Tageszeitung liest man als Ergebnis einer Studie der Amerikanischen Psychologenvereinigung (APA): «Mörderische Schulzeit. Das amerikanische Durchschnittskind sieht während seiner Grundschulzeit ungefähr 8000 Morde und mehr als 100 000 andere Gewalttaten auf dem Bildschirm. Es verbringt drei Stunden täglich vor dem Fernseher – mehr Zeit als in der Schule».[95] Auf einer anderen Seite derselben Tageszeitung liest man dann, daß in England eine Zwölfjährige unter Mordanklage steht, weil sie ein 18 Monate altes Baby erwürgt hat, und gleich darunter folgt die Nachricht:

Mordopfer durch Abzählreim – zwei Kinder erschossen

New York (dpa) – Ein 17jähriger hat in der texanischen Stadt Georgetown zwei Kinder erschossen, deren Haus er sich mit einem Abzählreim ausgesucht hatte: «Er ging, wie er sagte, nach der Methode Ene-Mene-Mu die Straße entlang, wählte ein Haus aus und ermordete drinnen ein zwölfjähriges Mädchen und ihren achtjährigen Bruder mit Schüssen in den Hinterkopf», sagte ein Polizeisprecher. Der Täter, der zwei Stunden nach der Tat am Sonntag festgenommen wurde und die Polizei zur weggeworfenen Tatwaffe führte, ist geständig, wollte aber über sein Motiv nichts sagen. Nach texanischem Recht kann er auch als Minderjähriger mit dem Tod bestraft werden, weil mehr als eine Person getötet wurde.

Das Zusammentreffen dieser Nachrichten ist überaus symptomatisch: Auf der einen Seite Mord als Kinderspiel – und auf der anderen Seite der «Spielfilm», der ihn tausendfach vorlebt! Und da sollen wir es für Zufall halten, daß Kinder oder Jugendliche das mörderische Spiel der Mattscheibe in die Wirklichkeit übertragen? In den sozial schwachen Gebieten der USA jedenfalls ist der Zusammenhang nicht mehr zu übersehen: «Überall in den Vereinigten Staaten wächst die Gewalt unter Schulpflichtigen dramatisch. Zwischen 1970 und 1990 stieg die Zahl der pro Jahr erschossenen amerikanischen Jugendlichen um mehr als 100 Prozent . . . Alle sechs Sekunden geschieht nach den Statistiken des National Crime Survey in oder nahe bei Schulen ein Verbrechen. Polizeipsychologen erklären den unglaublichen Werteverfall bei Jugendlichen, denen ein Leben, selbst das eigene, gar nichts mehr gilt, mit der abstumpfenden Wirkung der Gewaltorgien, die Film und Fernsehen unablässig präsentieren . . . Der Erwerb der Killerinstrumente bedarf keiner großen Mühen. 80 bis 90 Prozent der Schülerwaffen stammen aus den Arsenalen der Eltern», meldete 1992 der SPIEGEL.[96] Sollen wir dem Zerstörungswerk tatenlos zusehen, bis die Fakten die Wissenschaft belehrt haben?

Seelenzerstörung und okkulte Verführung

Daß die Zerrüttung jugendlicher Seelen sogar ein absichtlich verfolgtes Ziel sein kann, dafür bietet die Rockszene den deutlichsten Beweis. Es hat sehr lange gedauert, bis das breite Publikum erfuhr, daß es bei Rockmusikern gängige Praxis war, den Schallplattenaufzeichnungen heimlich Texte zu unterlegen, sogenannte Retrotexte, die das Ohr erreichen, vom Bewußtsein aber nicht erkannt werden, weil sie rückwärts aufgebracht sind (Backward-Masking).[97] Durch rückläufiges Abspielen der Platten konnten diese Texte aufgedeckt werden, und es zeigte sich, daß sie überwiegend Satansverherrlichungen enthielten, hymnische Lobpreisungen des Höllenfürsten und Liebeserklärungen an den «sweet Satan», aber auch eine Aufforderung zum Marihuana-Rauchen. Der erste Beleg für einen Retrotext fand sich auf einer Beatles-Platte aus dem Jahre 1968!

Der in schwarzmagischen Zirkeln bekannte Hexer und Satanist Aleister Crowley (1875–1947), der seinen Schülern eingeschärft haben soll, der Schlüssel des Satanisten zum Unterbewußtsein der Menschen sei die Kunst des flüssigen Rückwärts-Lesens, -Sprechens und -Denkens, scheint bei der «Erfindung» des Backward-Masking Pate gestanden zu haben, doch wurden die näheren Zusammenhänge nicht bekannt. Ebensowenig ließ sich klären, ob und welche Wirkungen von einer rückwärts erklingenden Sprache überhaupt ausgehen, wenn die Worte nicht verstanden werden. Wie zu erwarten, entspann sich darüber bald eine hitzige Diskussion, zumal die Identifizierung der Retrotexte teilweise auf erhebliche Schwierigkeiten stieß, so daß manche ihre Existenz sogar bezweifelten.[98] Jedoch geht die Debatte am Kern des Problems vorbei, denn nach der Entdeckung der Retrotexte wurde der Satanskult nicht etwa beendet, sondern erst richtig begonnen: Was bisher durch Backward-Masking verschleiert wurde, trat jetzt offen hervor, und es scheint, daß die Öffentlichkeit von den heimlichen Satansbotschaften erst in dem Augenblick erfuhr, als die Rockbands nichts mehr zu fürchten hatten. Jedenfalls bekennen sich seitdem viele Gruppen unverhohlen zur Herrschaft Satans, propagieren die Unterwerfung unter seinen Willen, animieren zu Haß und Gewalt, zu Perversitäten und sadistischen Grausamkeiten, ohne daß die Öffentlichkeit ihrem Treiben Einhalt gebietet.

Wie immer man die Wirksamkeit der Retrotexte beurteilen mag, an der seelenzerrüttenden *Absicht,* die mit ihnen verfolgt wurde, ist nach alledem nicht mehr zu zweifeln. Wir stehen vor dem ersten Versuch einer subliminalen Massenverseuchung, mit der die Jugend in den Bann schwarzmagischer Praktiken gezogen werden sollte. Und tatsächlich ist es gelungen, Millionen von

Rockfans beim zigmillionenfachen Abspielen ihrer Lieblings-platten[99] diesem Experiment auszusetzen, zwei Jahrzehnte hin-durch, ohne daß sie es ahnten!

Die Macht, die hier wirkt, hat sich selbst demaskiert. Aber schon lauert eine zweite, eher noch größere Gefahr, die in der Erregung über das (technisch längst überholte) Backward-Mask-ing leicht übersehen wird: Die neue, völlig unhörbare Sublimi-naltechnik schickt sich an, zu einer noch viel umfassenderen Massenbeeinflussung zu werden, wenn auch von ganz anderer Art. Diesmal könnte jeder gewarnt sein. Aber die Gefahr wird nicht durchschaut, weil die geistigen Strömungen, die hier am Werke sind, sich als von Grund auf positive, zum Hellen und Lichten hinführende Bewegungen verstehen. Die einen eröffnen das Neue Zeitalter des Geistes: *New Age.* Andere Meditations-schulen und esoterische Zirkel, meist fernöstlicher Provenienz, reihen sich an. Sie alle versprechen, durch Konzentration und Versenkung, Yogatechnik und Atemschulung, Selbsthypnose, Mentaltraining und dergleichen mehr dem Menschen die guten, heilenden Kräfte des Universums zu erschließen, und scheuen sich nicht, zu diesem Zwecke auch die neuesten Errungenschaf-ten der Elektronik zu Hilfe zu nehmen, seien es Kassetten mit speziellem Synthesizer-Sound «for Relaxing», die als ideale Hin-tergrundmusik für die persönliche Meditation (!) empfohlen werden,[100] seien es Kassetten mit «Ur-Tönen» (Ton der Erde, der Sonne, des Mondes, der Venus etc.) für Einton-Meditatio-nen,[101] oder eben auch Subliminalkassetten. Der mvg-Verlag (Landsberg/Lech) führt ein besonders reichhaltiges Sortiment unter dem Titel *New Age Motivationskassetten;* der weitaus größte Teil von ihnen stammt von Kurt Tepperwein, dessen Produktionen (ohne die Bezeichnung New Age) auch andere Verlage anbieten. Er war uns schon bei den Suggestionskassetten begegnet, und gerade dort läßt sich an einigen Einführungstexten leicht erkennen, welcher Art die Esoterik ist, die hier verbreitet wird. Zwei Auszüge:

«Die Rolltreppen-Meditation führt zu einem intensiven Kontakt mit Ihrem Überbewußtsein. Dadurch gelingt es Ihnen, dem Überbewußtsein Fragen zu stellen, so daß Sie in Zukunft stets einen zuverlässigen Ratgeber an Ihrer Seite wissen.»

«Immer wieder bin ich gebeten worden, eine Kassette zu machen, die es jedem ermöglicht, sich und andere in der Zeit zurückzuführen. Ob sie nun in die eigene Kindheit, in eine bestimmte Situation dieses Lebens oder in ein früheres Leben gehen wollen: Diese Kassette wird Ihnen helfen, diesen Weg der Rückerinnerung leicht zu gehen. Auch wenn Sie einmal die Zeit zwischen zwei Leben bewußt erleben möchten, wird Ihnen die Kassette eine großartige Hilfe sein.»[102]

Früheres Leben, Zeit zwischen zwei Leben: Wer die ausführlichen Anweisungen Rudolf Steiners zur esoterischen Schulung studiert hat,[103] der weiß, welch ein gewaltiger Weg zurückzulegen ist, bevor derjenige, der sich auf den Pfad der Erkenntnis höherer Welten begeben hat, durch strengste Selbstzucht und harte Prüfungen den Grad der Reife erlangt hat, der zur Wahrnehmung dieser okkulten Tatsachen notwendig ist, will man nicht subtilen Selbsttäuschungen oder puren Halluzinationen erliegen; enorme Willenskraft und ernste Bemühung ist erforderlich, um auch nur die allerersten Schritte auf diesem Wege konsequent zu gehen. Von derartigen Anstrengungen ist hier nirgends die Rede – und darin liegt das eigentliche Problem: Suggestions- und Subliminalkassetten appellieren ausnahmslos an einen mehr oder weniger versteckten Egoismus, der nur seine eigenen Sorgen kennt, das eigene Glück, die eigene Gesundheit, den eigenen Wohlstand sich angelegen sein läßt und alles haben will, ohne sich anzustrengen; und wenn er gar noch ohne Mühe in übersinnlichen Wonnegefühlen schwelgen darf, dann sind die Nöte der Welt vergessen, die Zerstörung der Natur kann ungehindert weitergehen.

Viele Menschen spüren ein Verlangen, das enge Selbst, das stets sein Eigensein pflegt und sich nach außen verkrustet, zu durchbrechen, Eindrücke von der Welt zu empfangen, die nicht nur tote, nichtssagende Abbilder sind, sondern auf Seele und Geist eine starke Wirkung ausüben, Sinneserfahrungen, die den Menschen wieder tiefer und inniger mit allem verbinden, was ihn umgibt. Nun lehrt aber die Beobachtung, daß die Verbindung um so intensiver ist, je unbewußter der Mensch lebt, und deshalb wird heute die Neigung immer größer, partiell zurückzufallen in einen atavistischen, mehr dämmerhaften Bewußtseinszustand, der sich durchaus nachbarschaftlich verträgt mit einem wachen Intellekt.

In diesem Trend liegt auch die Subliminaltechnik: Ihr Funktionieren beweist, daß unsere Sinne Einflüssen offenstehen, von denen wir gar nichts wissen, daß unser Unterbewußtsein tausendfältig mit der Welt verbunden ist, unsere Sehnsucht also Erfüllung finden kann, vorausgesetzt, man dringt nicht mit dem Bewußtsein in den Vorgang ein; kritisch distanzierte Reflexion würde da nur hinderlich sein. Man verleiht also der Hörwahrnehmung eine neue Tiefendimension, einen verborgenen (buchstäblich okkulten) Unterstrom, der den Hörer nicht mehr unberührt läßt, sondern machtvoll in ihn eindringt und sein Wesen verändert, seinem Verlangen zum Schein Befriedigung verschaffend, jedoch so, daß ihm jegliche Bewußtheit im Wahrnehmen und Prüfen, jegliche Anstrengung im übenden und lernenden Umgang mit der hereinströmenden Wirklichkeit verwehrt wird. Um die Wirkung nicht zu stören, muß er untätig beiseite stehen.

Wer sich darauf einläßt, bemerkt nicht, daß er nach und nach seiner wichtigsten menschlichen Fähigkeit beraubt wird, die ihn über das Tier erhebt: der Fähigkeit, sich nicht bloß von außen – durch Sinneseindrücke und Instinkte – prägen zu lassen, sondern aus freiem Entschluß an sich zu arbeiten, aus eigener Kraft sich selbst zu erziehen und so ein Leben lang bewußt zu lernen. Diese Kraft entspringt niemals dem selbstsüchtigen Ego, das stets so bleiben möchte, wie es ist, sondern kann allein aus der Willenspotenz des höheren Ich erwachsen. Das Ich seinerseits gewinnt die Kraft nicht aus sich selbst, sondern aus der Hinwendung zur Welt, in die es liebevoll eintaucht und mit der es sich auseinandersetzt. Erst an der Begegnung und am Widerstand kann das Ich sich entwickeln, verwandeln und reifen, wie ein Muskel, der auch nur im ständigen Überwinden physischer Widerstände seine Stärke erwirbt und behält. Willensimpulse, die man selbst nicht aufzubringen vermag, durch eine «Pipeline» von außen zugeführt, lassen das Ich erschlaffen, der Wille atrophiert, und der Mensch wird ein außengesteuertes, fremdbestimmtes Wesen.

Auch die Anthroposophie hat das Ziel, den Menschen der Gegenwart tiefer und inniger mit allem zu verbinden, was ihn sinnlich wie übersinnlich umgibt. Doch will sie es nicht durch ein Zurück, sondern durch ein energisches Vorwärts in der Bewußtseinsentwicklung, durch eine *selbsterrungene* Ausweitung und Steigerung der Wahrnehmungskraft, welche Schritt für Schritt die bislang unbewußt gebliebenen Wirklichkeiten in das Erkenntnislicht des Bewußtseins hebt, wie es weiter oben angedeutet wurde. Nur ein freies, starkes Ich kann der Welt das geben, was sie braucht: fruchtbare neue Impulse für die Zukunft.

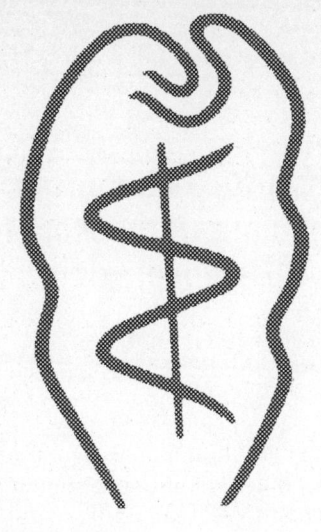

Sie haben es
vielleicht schon
unzählige Male
gesehen.

Aber haben Sie auch
einmal darüber
nachgedacht?

Das Zeichen für Heilung und Pflege: Ein Signum anthroposophischer Lebenspraxis

Als die WELEDA 1921 auf Anregung von Rudolf Steiner gegründet wurde, skizzierte er dieses Zeichen als Ausdruck für die innere Aufgabe der anthroposophischen Heilmittelkunde: Einen neuen, wesensgemäßen Zusammenhang zwischen den Lebensprozessen der Natur und denen im Menschen zu schaffen. WELEDA Arzneimittel und Körperpflegepräparate entstehen auf der Grundlage wertvoller Natursubstanzen. Tatsächlich jedoch gehen sie über bloße Naturprodukte hinaus: Sie sind Kulturerzeugnisse. Der positiv auf die Natur angewandte Geist des Menschen schafft etwas nie Dagewesenes, wenn er Kräfte und Stoffe der Natur in einen menschen- und geistgemäßen Zusammenhang stellt. Diesen Zusammenhang zu erforschen, ist die immer wieder neue Aufgabe, die seit 70 Jahren das Fundament der weltweiten WELEDA-Arbeit bildet. Wenn Sie sich dafür interessieren: Wir informieren Sie gerne. Schreiben Sie an: WELEDA AG Heilmittelbetriebe, Postfach 1320, 7070 Schwäbisch Gmünd.

WELEDA
Im Einklang mit Mensch und Natur

Anmerkungen

1 So der Untertitel des Zyklus, der als Band 296 der Rudolf-Steiner-Gesamtausgabe erschienen ist. Die nachfolgenden Ausführungen beziehen sich auf den 5. Vortrag (16. 8. 1919).

2 Süddeutsche Zeitung 23./24. April 1988, Seite 2.

3 Das Bundesarbeitsgericht hob allerdings 1989 in letzter Instanz das Urteil auf und bescheinigte den beiden Klägern ausdrücklich das Recht zu einer ganz persönlichen moralischen Bewertung, auch wenn das für Dritte nicht nachvollziehbar sei. Bei dieser Gelegenheit wurde in der Presse hingewiesen auf einen zunehmenden Trend zu Gewissensentscheidungen ähnlicher Art auch in anderen Wirtschaftsbereichen – eine erfreuliche Entwicklung! (Vgl. SPIEGEL 22/1989, S. 77 ff.)

4 Beispiele und weitere Ausführungen hierzu enthält der Aufsatz «Das Rätsel des Bösen in unserer Zeit», in: R. Patzlaff, Bildschirmtechnik und Bewußtseinsmanipulation, Stuttgart 1985.

5 Franz Rottensteiner «1984 und die Science-fiction», in: Orwells Jahr – Ist die Zukunft von gestern die Gegenwart von heute?, hg. Dieter Hasselblatt, Ullstein Verlag 1983, S. 65.

6 Jörg Fauser «Auf Wiedersehn im Ministerium der Liebe», in: Orwells Jahr (s. Anm. 5), S. 75.

7 Andere Versionen lauten: Kids In Satanic Service, Kings In Satanic Service. Vgl. U. Bäumer «Wir wollen nur deine Seele», Bielefeld 1984, S. 65, Anm. 11.

8 In dem Aufsatz, der in Anmerkung 4 genannt ist.

9 Claus Peter Müller-Thurau «Über die Köpfe hinweg. Sprache und Sprüche der Etablierten», Düsseldorf und Wien 1984, S. 18.

10 Aus: SPIEGEL 15/1985, S. 230.

11 Guy L. Steele Jr., Donald R. Woods, Raphael A. Finkel u. a. «The Hacker's Dictionary», Harper & Row, New York. Zitiert nach SPIEGEL 15/1985.

12 Vgl. dazu R. Patzlaff «Des Alphabetes Leiche hob sich aus dem

Grab. Tod und Auferstehung der Sprache im 20. Jahrhundert», in: Lesen im anthroposophischen Buch. Ein Almanach – 40 Jahre Verlag Freies Geistesleben, Stuttgart 1987, S. 27 ff.

13 Jacques Lusseyran «Das wiedergefundene Licht», Ullstein Taschenbuch, Berlin 1981, S. 165 f. (Hervorhebung von mir).

14 Vgl. dazu das Kapitel «Nachrichtensendungen des Fernsehens» in dem Buch von Heinz Buddemeier «Illusion und Manipulation. Die Wirkung von Film und Fernsehen auf Individuum und Gesellschaft», Stuttgart 1987, S. 137 ff.

15 Bild der Wissenschaft 1/1988, S. 23.

16 Bild der Wissenschaft 5/1988, S. 16.

17 Für die meisten Zwecke reichen die vorhandenen Kupferkabel aus. Nur für Breitbandübertragungen (z. B. Farbfernsehen) müssen Glasfasern benutzt werden.

18 Herbert Kubicek «Neue Informations- und Kommunikationstechniken und die Zukunft des Alltags», in: Neue Medien und Lernen, hg. H. G. Rolff/P. Zimmermann, Weinheim und Basel 1985, S. 24 f. Vom selben Autor auch «Probleme der sozialen Beherrschbarkeit integrierter Fernmeldenetze/Abwägen der Risiken technischer Alternativen im technologie-politischen Bürgerdialog», in: Frankfurter Rundschau 22. 8. 1984, S. 14 (Teil I) und 23. 8. 1984, S. 12 (Teil II). Ferner «Technische Kommunikation – betriebliche und außerbetriebliche Risiken», in: Ruhr-Universität Bochum/Industriegewerkschaft Metall, Vereinbarung über Zusammenarbeit. Ringvorlesung 1983/84, S. 102 ff.

19 Die Idee dazu stammt aus den USA, wo schon 1986 solche Vergnügungszentren existierten (Faszination 1/1987). Mit der üblichen Verzögerung erreicht diese Welle jetzt auch Europa, wo 1991 erstmals ein «Laserdrome» in der Nähe von Zürich eingerichtet wurde, das sich laut Pressebericht (Süddeutsche Zeitung, 30. 11. 1991) größter Beliebtheit erfreut.

20 Abgedruckt im Sammelband «Der Goetheanumgedanke inmitten der Kulturkrisis der Gegenwart», Rudolf-Steiner-Gesamtausgabe Bd. 36, Dornach 1961, S. 296–300.

21 Bilder und Erläuterungen dazu findet man bei Johanna Zinke, «Luftlautgestalten – sichtbar gemacht», in: Erziehungskunst 7+8/1987, S. 529 ff.

22 Enthalten im Band 30 der Gesamtausgabe (GA), S. 253 ff.

23 Wohl nicht ohne Absicht publizierte Rudolf Steiner einen solchen Aufsatz in der «Deutschen Wochenschrift», deren Untertitel lau-

tete: «Organ für die nationalen Interessen des deutschen Volkes».
Im übrigen darf man nachträglich eine bedeutsame Konstellation
darin sehen, daß der Aufsatz genau in dem Augenblick erschien, als
Kaiser Wilhelm II. den Thron bestieg, der Deutschland eine ganz
andere Aufgabe zuwies und damit die Grundlagen für den Ersten
Weltkrieg legte, dessen Folgewirkungen uns bis heute betreffen.
Ein Jahr nach der Kriegskatastrophe hat Steiner in einer Neujahrs-
betrachtung zum 1. 1. 1920 selbst auf die programmatische Bedeutung dieses frühen Aufsatzes hingewiesen und die darin ausgespro-
chene, von der Kulturwelt aber nicht aufgenommene Warnung vor
einem geistigen Versagen Mitteleuropas in Erinnerung gerufen
(GA Bd. 195).

24 San Francisco 1982. Deutsche Übersetzung Heidelberg 1985.

25 Süddeutsche Zeitung, 6. Februar 1992, S. 9. – Wie üblich wurde
    anschließend sogleich dementiert, daß es sich um die Meinung der
    Weltbank handele; das Ganze sei nur «ironisch» gemeint gewesen.
    Gleichzeitig gab der Sprecher der Weltbank aber zu, daß das Papier
    «zum internen Gebrauch vorgesehen» war.

26 SPIEGEL 49/1986, S. 24 ff.

27 Aus der Süddeutschen Zeitung vom 23. 6. 1989, S. 56.

28 Ausführlich beschrieben wurde das Projekt im ZEIT-Magazin Nr.
    22, 22. Mai 1987, S. 38 ff. Vgl. ferner SPIEGEL 44/1986, S. 269 ff.
    und 22/1992, S. 236 ff.

29 Ähnliche Nachrichten kommen auch von anderer Seite: Im Juni
    1986 prophezeite in Florenz ein Kongreß von Bauexperten aus aller
    Welt ein «neues Zeitalter der Höhlen». Mit Hilfe der Massenme-
    dien, hieß es dort, werde es möglich sein, die Erdbewohner auf
    dieses «technologische Unterweltzeitalter» vorzubereiten! (Tages-
    spiegel Berlin, 11. 6. 86).

30 Was hier im Großen versucht wird, gibt es längst auch im Kleinen:
    Unter dem Motto «Nehmen Sie die Natur in Ihre Hand» bieten die
    Firmen Formzeug und Ackermann-Fruehauf gemeinsam einen
    AUTOPLANT-Container an zur künstlichen Pflanzenaufzucht
    mit automatischer Regelung von Klima, Licht und Wasser. Ein
    besonderer Vorteil dieser von der Außenwelt isolierten Kunstkli-
    makammer ist, wie im Prospekt extra vermerkt wird: «Keine Schä-
    den Ihrer Pflanzen durch Umweltverschmutzung»!

31 Süddeutsche Zeitung, 19. 9. 1991, S. 49.

32 Zitiert nach SPIEGEL 35/1991, S. 91, dem ich auch einen Teil der
    vorherigen Beispiele sowie das nachfolgende Beispiel entnahm.

33   In: PSYCHOLOGIE HEUTE, Dez. 1991, S. 20 ff.

34   Kenneth Gergen «The Saturated Self. Dilemmas of Identity in Contemporary Life», New York 1991.

35   Heiner Keupp «Auf der Suche nach der verlorenen Identität». In: Verunsicherungen. Das Subjekt im gesellschaftlichen Wandel, hg. H. Keupp/H. Bilden, Göttingen 1989.

36   Mit was für ausgeklügelten Effekten und moralisch fragwürdigen Methoden in den USA schon vor über 30 Jahren operiert wurde, hat 1957 Vance Packard in seinem Bestseller «The Hidden Persuasers» aufgedeckt. Deutsche Ausgabe «Die geheimen Verführer» Düsseldorf 1965, als Ullstein-Taschenbuch 1987.

37   Erstmals berichtete *The London Sunday Times* 1956 über derartige Experimente in den USA mit eingeschalteten Werbebildern für Eiscreme. Vgl. Vance Packard, a. a. O. (Taschenbuch) S. 33 f.

38   Horst W. Brand «Die Legende von den ‹geheimen Verführern›. Kritische Analysen zur unterschwelligen Wahrnehmung und Beeinflussung», Weinheim und Basel 1978 (Beltz-Monographien Psychologie). Im Anhang ein reichhaltiges Literaturverzeichnis.

39   DIE WELT, 20. 5. 1988, S. 22. Vgl. dazu auch H. Buddemeier/ J. Strube: «Die unhörbare Suggestion», Stuttgart 1989, S. 84 f.

40   Ob eine Computerüberwachung tatsächlich funktionieren würde, scheint allerdings fraglich, denn das automatische Erkennungsverfahren kann durch simple technische Tricks unterlaufen werden, wie Matthias Strehlow dargelegt hat (in: «Fakten und Anregungen zur Beurteilung der Medien», hg. vom Verein für Medienforschung und Kulturförderung e. V. in Bremen, Nr. 2/1989, S. 20 ff.). Er fand in einem Videoclip, der in Deutschland seinerzeit häufig gesendet wurde, eingeblendete Einzelbilder zu Werbezwecken, zusätzlich aber weitere Einzelbilder mit abstrakten Streifenmustern in der Nachbarschaft der Werbebilder, die nur den einen Zweck zu haben scheinen, eine eventuell eingesetzte Erkennungsautomatik zu überlisten, d. h. sie daran zu hindern, das heimliche Werbebild überhaupt zu registrieren.

41   Eine umfangreiche Literaturliste findet man z. B. in dem Standardwerk von Werner Kroeber-Riel «Konsumentenverhalten», München [4]1990.

42   Süddeutsche Zeitung, 1./2. Februar 1992, S. 17.

43   Fernando Salazar Bañol «Die okkulte Seite des Rock», München 1987, S. 58.

44 Reginald Birngruber, Laserexperte an der Münchener Uni-Augen-
    klinik, in: SPIEGEL 11/1987, S. 230.
45 Laut SPIEGEL 25/1991, S. 106.
46 Urs Frauchiger, Direktor des Konservatoriums Bern, auf einer
    Fachtagung für «musikalische Ökologie» in der Evangelischen
    Akademie Loccum 1986, laut SPIEGEL 28/1986.
47 Rüdiger Liedtke «Die Vertreibung der Stille. Wie uns das Leben
    unter der akustischen Glocke um unsere Sinne bringt», Schönber-
    ger Verlag 1985, S. 14. Lesenswert ist auch der Aufsatz von Lore
    Auerbach «Musik als Massendroge unserer Zeit. Musikbedingte
    Probleme der Identitätsfindung und der Identitätsbewahrung», in:
    Intervalle 4/1982.
48 Man könnte einwenden, daß beim Betrachten von Gemälden, Pla-
    stiken und Bauwerken der Künstler ebenfalls nicht anwesend sei
    und daher das Werk für sich selber sprechen müsse. Abgesehen
    davon, daß auch hier Reproduktionen nicht ganz das gleiche ver-
    mitteln wie das Original, muß doch deutlich ins Auge gefaßt wer-
    den, daß alle in der Zeit verlaufenden Künste (Schauspiel, Bewe-
    gung, Sprache, Musik) das Medium Mensch benötigen, um über-
    haupt in die sinnliche Erscheinung treten zu können: Sie sind
    existent, solange der Künstler sie ausübt, und sie verschwinden,
    sobald seine Tätigkeit endet. Will man die sinnliche Erscheinung
    festhalten, bleibt eine Mumie zurück. Selbstverständlich kann auch
    eine Mumie interessant sein, aber man wird nicht darüber hinweg-
    sehen können, daß ihr das Entscheidende fehlt.
49 Gerhart Harrer «Das ‹Musikerlebnis› im Griff des naturwissen-
    schaftlichen Experiments», in: Grundlagen der Musiktherapie und
    Musikpsychologie, hg. Gerhart Harrer, Stuttgart 1982, S. 3 ff.
50 Gerhart und Hildegund Harrer «Schallwellen – die Grundlage der
    ungleichen Geschwister Musik und Lärm», in: Musik und Medizin
    4/1975, S. 18.
51 Laut R. Liedtke, a. a. O., S. 187.
52 D. Mark «Die Stellung des jungen Menschen in der Schallumwelt
    von heute», in: Musik und Bildung 1/1977, S. 7.
53 SPIEGEL 14/1990, S. 299.
54 D. Mark, a. a. O., S. 7.
55 D. Mark, a. a. O., S. 6.
56 Hermann Rauhe «Aspekte einer Umweltverschmutzung durch
    Musik», in: Musik und Bildung 1/1977, S. 13.
57 Das ergaben Recherchen der Medical Tribune 9/1988.

58 Zitiert nach dem «DAK-Magazin. Zeitschrift für die Mitglieder der Deutschen Angestellten-Krankenkasse» 3/1989, S. 19.

59 Prof. Dr. Plath im DAK-Magazin 3/1989, S. 19.

60 Süddeutsche Zeitung, 3. 7. 1990, S. 44.

61 Desmond Mark «Plädoyer für eine akustische Ökologie», in: Musik und Bildung 4/1975, S. 165.

62 Gleicher Aufsatz wie in Anmerkung 50, S. 14.

63 SPIEGEL 14/1990, S. 299.

64 Coburger Tageblatt, 22. 9. 1990.

65 Aus dem Artikel «Traumhaft lernen», in: Brigitte 10/1987, S. 140.

66 Wie Anmerkung 65.

67 Laut SPIEGEL 45/1987, S. 265.

68 Beispiele für letzteres gibt Vance Packard in dem Aufsatz «Persuasion Machines», in: Consumers Digest March/April 1985.

69 Näheres dazu bei Vance Packard in dem genannten Aufsatz (Anmerkung 68).

70 In dem genannten Aufsatz (Anmerkung 68).

71 Die Kassette «Selbstvertrauen» der Firma Gantec beispielsweise ist mit folgenden Musikstücken unterlegt: Johann Pachelbel (Kanon und Gigue), Antonio Vivaldi (Sinfonie G-Dur) sowie ausgewählte Stücke von Tomaso Albinoni, Joseph Haydn. Die Kassette «Kreativität» enthält Filmmusik von Neil Diamond aus dem Film «Die Möve Jonathan», auf der Kassette «Erfolgreiche Beziehungen» hört man James Last mit Beatles-Songs.

72 Weitere technische Einzelheiten, Textbeispiele und Literaturangaben zum Thema Subliminalkassetten findet man jetzt in dem Aufsatz «Eine Untersuchung zu Subliminalkassetten» von Jürgen Strube, enthalten in dem Buch «Die unhörbare Suggestion – Forschungsergebnisse zur Beeinflussung des Menschen durch Rockmusik und subliminale Kassetten» von H. Buddemeier und J. Strube, Stuttgart 1989, S. 82 ff. Eine spezielle Untersuchung zum «Maskieren von Sprache mit Musik» hat Matthias Strehlow im letzten Kapitel des Buches beigesteuert.

73 Jürgen Strube hat darüber ausführlich berichtet in dem schon zitierten Aufsatz (Anmerkung 72).

74 In ihrer Produktinformation zur Berliner Big-Tech 1986.

75 Tageszeitung (taz) Berlin, 10. 2. 1987, S. 5.

76 Begleitbroschüre zu der Kassettenreihe «Das positive Selbsthilfe-Programm» von Erhard F. Freitag in der Edition Kraftpunkt Augsburg.

77 D. Byrne «The Effect of a Subliminal Food Stimulus on Verbal Responses», in: Journal of Applied Psychology 43/1959, S. 249 ff.

78 D. P. Spence «Effects of a Continuously Flashing Subliminal Verbal Food Stimulus on Subjective Hunger Ratings», in: Psychological Review 15/1964, S. 993 f.

79 Am Tachistoskop z. B. (Gerät zu beliebig kurzer Darstellung visueller Eindrücke) lassen sich ähnliche Ergebnisse in vielen Variationen erzielen, wie mir Frau Domeyer vom D & S Institut für Markt- und Kommunikationsforschung in Zürich mündlich mitteilte.

80 Karl-Fritz Koeppler «Unterschwellig wahrnehmen – unterschwellig lernen», Stuttgart 1972.

81 S. C. Dudley «Subliminal Advertising. What is the Controversy About?», in: Akron Business and Economic Review 18/1986, Nr. 2, S. 6–18.

82 So Koeppler (s. Anmerkung 80), S. 169.

83 Literatur hierzu und zu dem gesamten Komplex bei W. Kroeber-Riel (s. Anmerkung 41), S. 273 f.

84 J. Strube, der sich in dem genannten Aufsatz (s. Anmerkung 72) mit dem Stand der wissenschaftlichen Diskussion beschäftigt, verweist hierzu (S. 110) auf Peter Hofstätter und Helmut Emrich.

85 Enthalten in dem genannten Aufsatz (s. Anmerkung 72), S. 106 ff.

86 DIE ZEIT, 16. 3. 1990, S. 96.

87 Laut Pressebericht der «taz» (s. Anmerkung 75).

88 Werbeprospekt der «Edition Kraftpunkt» Toni Fedrigotti, Augsburg.

89 Vgl. beispielsweise Gunther Hildebrand «Leistungsbereitschaft und vegetative Umstellung im Menstruationsrhythmus. Die cyclischen Schwankungen der Reaktionszeit», in: Internationale Zeitschrift für angewandte Physiologie 27/1969, S. 266–282.

90 Vgl. dazu den Bericht des SPIEGEL 17/1987, S. 118 f.

91 Siehe Anmerkung 49.

92 Georg Picht «Wozu braucht die Gesellschaft Musik?», in: Deutscher Musikrat – Referate, Informationen, Heft 22 (November 1972), S. 38.

93 Siehe Anmerkung 47.

94 Vgl. dazu: Werner Glogauer «Kriminalisierung von Kindern und Jugendlichen durch Medien. Wirkungen gewalttätiger, sexueller, pornographischer und satanischer Darstellungen», Baden-Baden 1991.

95 Süddeutsche Zeitung, 26. 2. 1992.

96 SPIEGEL 11/1992, S. 220/222.
97 Nachdem in dem Buch von H. Buddemeier und J. Strube (s. Anmerkung 72) eine detaillierte Darstellung zu diesem Thema erschienen ist (S. 38 ff.), verzichte ich hier auf eine nochmalige Besprechung der Details. Jedoch muß ich meine früheren Ausführungen in einem Punkt korrigieren: Das angeführte Beatles-Album trägt nicht den Namen «The Devil's White Album», wie es W. Weirauch in den Flensburger Heften Nr. 19 (Dez. 1987) angibt, dem ich darin gefolgt war. Vielmehr trägt das Album auf weißem Untergrund den Titel «The BEATLES».
98 Warum diese Schwierigkeiten beim rückläufigen Abspielen der teils gesungenen, teils gesprochenen Texte zwangsläufig entstehen, hat J. Strube (s. Anmerkung 96) einleuchtend begründet. Auf einigen Platten sind beim Rückwärtsabhören die Texte überaus deutlich zu verstehen, so daß an ihrer Existenz nicht zu zweifeln ist, bei anderen bemerkt man Sprache, versteht sie aber nicht immer genau, und schließlich gibt es auch eine Reihe zweifelhafter Fälle. Nachforschungen von verschiedensten Seiten (besonders gründlich durch Ralph Hüls und Stefan Reiring, die mich von ihren umfangreichen Ergebnissen in Kenntnis setzten) deuten darauf hin, daß insgesamt rund 40 Bands (darunter berühmteste Namen) das Backward-Masking angewendet haben.
99 Einer Umfrage zufolge hörten 1981 in den USA 87 % der Jugendlichen zwischen 13 und 19 Jahren jeden Tag drei bis fünf Stunden Rock!
100 Edition Kraftpunkt Toni Fedrigotti, Augsburg.
101 Angebot im Prana-Katalog des Hermann-Bauer-Verlages, Freiburg.
102 In der Edition Kraftpunkt heißen die dazugehörigen Seminarkassetten «Reinkarnations-Techniken», und dort verspricht der Prospekt: «... Wir bewegen uns frei durch Raum und Zeit ... Noch phantastischer ist, daß man jemanden sogar in seine Zukunft versetzen kann und er sich nach der Rückkehr an alles erinnert. Wer den Mut hat, kann sogar seinen eigenen Tod erleben. Wichtiger aber dürfte sein, daß man sich in sein eigenes Alter versetzen lassen kann und dort in der Rückschau Bilanz zieht, um so die erkannten Versäumnisse in der Jetztzeit noch rechtzeitig nachzuholen.»
103 Z. B. in den Büchern «Wie erlangt man Erkenntnisse der höheren Welten?» und «Die Geheimwissenschaft im Umriß» (5. Kapitel).

Rudolf Steiner
Themen aus dem Gesamtwerk

1
Wege der Übung
Hrsg. von S. Leber.
255 Seiten.

Grundlage für die anthroposophischen Forschungsergebnisse
bildet der Schulungsweg, auf
dem die Erkenntnisorgane zur
Erfahrung höherer, übersinnlicher Wirklichkeitsbereiche
entwickelt werden.

2
Sprechen und Sprache
Hrsg. von C. Lindenberg.
174 Seiten.

Im Gegensatz zur modernen
Linguistik wird hier das Ge-
samtphänomen der Sprache
angeschaut und aus ihrer
ursprünglichen Verwurzelung
im Sprechen des Menschen
entwickelt.

3
Zur Sinneslehre
Hrsg. von C. Lindenberg.
155 Seiten.

Die Sinneslehre Rudolf Steiners
beschreibt den vollständigen,
zwölfgliedrigen Sinnesorganis-
mus, seine Erfahrungsbreite
und seine Bedeutung für das
menschliche Leben.

4
Vom Lebenslauf
des Menschen
Hrsg. von E. Fucke.
256 Seiten.

Die anthroposophische Men-
schenkunde kennt den geglie-
derten Lebenslauf als einen
rhythmischen Zeitorganismus,
in dem der Mensch die Kräfte
und Fähigkeiten der Seele von
Lebensepoche zu Lebensepoche
entfaltet.

Verlag Freies Geistesleben

Rudolf Steiner
Themen aus dem Gesamtwerk

Verlag Freies Geistesleben

Rudolf Steiner
Themen aus dem Gesamtwerk

9

Wiederverkörperung
Zur Idee von Reinkarnation
und Karma
Hrsg. von Clara Kreutzer.
214 Seiten.

Eine genaue, sachgemäße Betrachtung des menschlichen
Daseins zeigt, daß der individuelle Mensch selbst Ursache
für die Entwicklung seines
Lebens ist.

10

Gesundheit und Krankheit
Hrsg. von Otto Wolff.
192 Seiten.

Zur Begründung einer men-
schengemäßen Medizin und zur
Klärung der Begriffe Gesundheit und Krankheit bietet der
vorliegende Band die menschen-
kundlichen Erkenntnisgrund-
lagen.

11

Spirituelle Psychologie
Hrsg. von Markus Treichler.
310 Seiten.

Das Thema «Spirituelle Psychologie» gehört zu den zentralsten
des Gesamtwerkes Rudolf Steiners, da die psychologische Methode, die Selbstbeobachtung
des Seelischen, die Grundhal-
tung der anthroposophischen
Geisteswissenschaft schlechthin
ist.

12

Elemente der Erziehungskunst
Hrsg. von Karl Rittersbacher.
191 Seiten.

Hier sind neun Vorträge zusammengefaßt, die Rudolf Steiner
in den Jahren 1906 – 16 über
die Voraussetzungen einer er-
neuerten Pädagogik gehalten
hat.

Verlag Freies Geistesleben

Rudolf Steiner
Themen aus dem Gesamtwerk

Verlag Freies Geistesleben

Praxis Anthroposophie

Verlag Freies Geistesleben

Praxis Anthroposophie

Verlag Freies Geistesleben

Menschenkunde und Erziehung

Schriften der Pädagogischen Forschungsstelle
beim Bund der Freien Waldorfschulen

Verlag Freies Geistesleben

Menschenkunde und Erziehung

Schriften der Pädagogischen Forschungsstelle
beim Bund der Freien Waldorfschulen

Verlag Freies Geistesleben

Menschenkunde und Erziehung

Schriften der Pädagogischen Forschungsstelle
beim Bund der Freien Waldorfschulen

Verlag Freies Geistesleben

Menschenkunde und Erziehung

Schriften der Pädagogischen Forschungsstelle
beim Bund der Freien Waldorfschulen

Verlag Freies Geistesleben

Menschenkunde und Erziehung

Schriften der Pädagogischen Forschungsstelle
beim Bund der Freien Waldorfschulen

Verlag Freies Geistesleben